墨香财经学术文库
“十二五”辽宁省重点图书出版规划项目

应计错误定价、投资增长与股价同步性

来自中国A股市场数据

Mispricing of Accruals, Investment Growth and Price Synchronicity

Evidence from China's A-share Market

赵宇凌　著

东北财经大学出版社
Dongbei University of Finance & Economics Press
大连

图书在版编目（CIP）数据

应计错误定价、投资增长与股价同步性：来自中国A股市场数据 / 赵宇凌著.
—大连：东北财经大学出版社，2023.4
（墨香财经学术文库）
ISBN 978-7-5654-4747-1

Ⅰ.应…　Ⅱ.赵…　Ⅲ.股票市场-定价-研究-中国　Ⅳ.F832.51

中国国家版本馆CIP数据核字（2023）第247887号

东北财经大学出版社出版发行
大连市黑石礁尖山街217号　邮政编码　116025
网　址：http：//www.dufep.cn
读者信箱：dufep @ dufe.edu.cn
大连图腾彩色印刷有限公司印刷

幅面尺寸：170mm×240mm　字数：196千字　印张：13.5　插页：1
2023年4月第1版　2023年4月第1次印刷
责任编辑：时　博　王芃南　赵　楠　责任校对：王博楠
封面设计：原　皓　版式设计：原　皓
定价：48.00元

教学支持　售后服务　联系电话：（0411）84710309

如有印装质量问题，请联系营销部：（0411）84710711

本书获得东北财经大学出版资金资助

前言

资本市场会计研究兴起于20世纪70年代，以有效市场假说、资本资产定价模型等现代金融理论为基石，借鉴经济学、公司治理、行为金融学等学科知识，运用数理统计方法探究当代会计问题，从而吸引了众多学者的目光。作为会计信息系统中的核心变量，会计盈余的经验研究一直是资本市场会计的一个重要研究领域。自Ball和Brown（1968）发现盈余变动与股票超常回报变动存在显著的正相关关系后，学者们对盈余预测、盈余持续性、盈余管理以及盈余组成部分之间的关系等问题进行了广泛的研究。将盈余预测、盈余持续性与Mishkin（1983）的理性预期框架结合，Sloan（1996）发现应计盈余持续性低于现金盈余持续性，构造应计策略套利可获得10.4%的超常回报，这说明市场对会计应计存在错误定价。

应计错误定价的发现，意味着根据公共可得的应计信息进行交易可赚取超额回报。这是继盈余宣告后股价漂移异象和价值魅力异象之后，会计学领域内又一次对有效市场假说提出的质疑。虽然运用应计策略套利获得的超额回报有逐年降低的现象，但应计错误定价仍被认为是迄今为止最具稳健性的资本市场错误定价之一。当前应计错误定价的持续观和投资增长观两大理论解释仍存在争议。我国的股价同步性仍然显著，且对应计项目的定价产生影响。基于此，本书对各类应计项目与盈余持续性、投资增长、股价同步性的关系进行经验研究。

本书从应计项目的会计学属性和经济学属性出发，结合我国实际情况，以我国A股非金融上市公司年数据为样本，对我国应计错误定价与盈余持续性、投资增长、股价同步性的关系进行研究，旨在发现我国应计错误定价的表现特征，并对应计错误定价的解释假说做出贡献。由于我国企业会计准则于2007年全面趋同国际财务报告准则，并引入公允价值计量模式，上市公司数据环境发生了变化，故本书以1998—2006年为研究样本期间，以2007—2019年为对比研究样本期间。

全书共分8章，各章的基本内容如下：

第1章导论。本章旨在提出问题，并对本书的研究意义、研究对象、研究内容、行文逻辑思路和研究方法等全局问题进行论述。

第2章理论基础。本书以会计学、经济学和金融学为理论基础展开研究，具体包括会计学的会计目标观、应计制理论和收益计量观，经济学中的理性预期假说、边际报酬递减规律和投入资本，金融学中的有效市场假说与股价同步性。

第3章文献综述。本章根据应计错误定价理论解释及研究对象的不同，将应计错误定价文献分为四大类，具体为应计错误定价与盈余持续性、投资增长、其他理论解释和股价同步性。

第4章对我国应计错误定价与盈余持续性进行检验。本章发现，研究样本期间，全样本应计策略套利结果显著为7.8%，盈利样本应计策略套利结果显著为10.5%。新准则样本期间，全样本应计策略套利结果显著为3.1%。

第5章对我国非正常应计错误定价与盈余持续性进行检验。本章将总应计分解为正常应计和非正常应计，检验发现，研究样本期间全样本基本Jones模型下，非正常应计策略套利结果显著为8.1%；全样本修正Jones模型下，非正常应计策略套利结果显著为8.9%。新准则样本期间，全样本Jones模型非正常应计策略套利结果显著为6.4%。

第6章对我国经营性应计项目错误定价与投资增长进行检验。结果发现：研究样本期间，市场层次短期经营性应计套利平均超额回报显著为7.7%；投资增长观对我国部分行业（“四行业”）样本的应计错误定价有解释力。此外，本章建立了带有交互项的混合样本横截面回归模型，对持续观与投资增长观共同解释应计错误定价进行检验。新准则样本期间，市场层次盈利样本短期经营性应计策略套利显著为3.9%。

第7章对我国应计错误定价与股价同步性进行检验，即剔除股价同步性后对第4章、第5章和第6章的结果再次检验，验证了结论的稳健性。新准则样本期间剔除股价同步性后，总应计策略套利显著为1.7%。

第8章结论与建议。本章阐述了前文检验结果及结论，对我国资本市场会计研究、准则制定等环节提出几点建议，最后对本书的不足与未来研究提出展望。

由上述研究，本书得出以下结论：

1.投资者未识别我国A股市场盈余持续性，样本数据期间我国存在总应计错误定价，且盈利样本总应计错误定价比全样本下更稳定。

2.样本数据期间我国非正常应计盈余持续性显著低于正常应计盈余持续性，说明盈余管理可能降低了应计盈余的持续性，我国存在非正常应计错误定价。我国总应计错误定价主要来自非正常应计的错误定价，这极可能是盈余管理导致的。

3.与美国不同，企业层面整体视角的投资增长观解释我国“四行业”。持续观和投资增长观共同解释“四行业”的经营性应计错误定价，在控制本期盈利能力和长期增长因素后，盈余管理因素作用大于短期增长因素，说明盈余管理对样本的解释力度较强。

4.采用Roll（1998）模型将个股中的市场层面信息剔除后进行检验，发现我国的股价同步性仍处于较高的水平。股价同步性对我国应计错误定价的套利结果存在影响。

5.采用新准则对2007—2019年样本进行再检验，应计策略套利超额收益率有所下降。

目录

1 导论

1.1 研究动机与研究意义

1.1.1 研究动机

应计项目是财务报告体系中的核心变量，对应计项目特质的研究有助于探寻会计体系的核心特征。对应计项目与资本市场的构成要素、宏观数据指标等的研究，有助于揭示会计体系与资本市场、宏观经济的潜在关系。本书拟通过对应计项目与投资增长、股价同步性的研究，探寻会计应计数据是如何解释客观世界的。

会计目标的决策有用观自20世纪70年代提出以来，即受到学界和业界的青睐，尽管学界对会计目标体系的建立仍存有争议，但这无损决策有用观在会计目标中的重要地位。2010年9月28日国际会计准则理事会（IASB）和美国财务会计准则委员会（FASB）宣布，基于现有国际财务报告准则（IFRS）和一般公认会计原则（GAAP）建立更完善概念框架的联合项目第一阶段工作完成。根据该阶段成果，FASB发布的《第8号财务会计概念公告》（SFAC No.8）和IASB批准通过的《财务报告概念框架》（2010）再次肯定了决策有用观会计目标的地位。[①]这意味着会计一个主要目标是，作为财务信息供给方向投资者、债权人等信息使用者提供有助于决策的相关信息。对于上市公司的投资者、债权人而言，影响其决策的一个重要且易计量的信息，即公司的股票价格。由此，对会计信息是否对决策有用的研究，可量化为会计信息与股票价格是否相关、如何相关的检验，这显然是会计理论研究的重要领域之一。

规范研究往往解决的是“道德秩序”（应该怎么样）问题，实证研究往往解决的是“物质秩序”（是什么）问题。显然，会计信息与股价关系的研究属于实证范畴，Ball和Brown（1968）关于股价对财务报告信息反应的检验，揭开了此类研究的序幕，Scott（2005）将之称为资本市场会计的经验研究。[②]Kothari（2001）认为，资本市场会计研究即有关资本市场与财务报告关系的经验研究。早期的资本市场会计研究主要集中于会计盈余与股票回报关系的研究（菲利普·布朗，2004）。Sloan（1996）在盈余持续性研究的基础上将会计盈余分为应计组成部分和现金流量组成部分，发现应计盈余持续性低于现金盈余持续性。进一步将盈余预测与Mishkin（1983）理性预期假说相结合，发现美国市场高估应计相对高的公司股票，低估应计相对低的公司股票，市场对会计应计的预期出现了偏离，即会计应计被市场错误定价。这一发现拓展了与应计相关的资本市场会计研究，会计应计成为继会计盈余后资本市场会计研究的又一重要变量。同时，由于应计错误定价（accruals mispricing）异于有效市场假说所论述的内容，而被归属为是一种资本市场异象，引起金融学界和投资界的极大关注。本书从Mishkin（1983）运用理性预期检验发现会计应计被市场错误定价的这一统计检验角度出发，将这一现象称之为应计错误定价。考虑到“异象”通常是指资本资产定价模

① SFAC No.8第一章第二段指出：“通用财务报告目标是为现有的和潜在的投资者、贷款人和其他债权人提供报告主体的财务信息，以便为其做决策提供资源。”《财务报告概念框架》（2010）第一章第二段和第四段也分别指出“通用财务报告的主要使用者为现在的和潜在的投资者、贷款人和其他债权人”“主要使用者所需信息指与评价主体未来净现金流入量前景和如何有效管理其现有资源以履行受托责任有关的主体资源信息”。

② 广义的实证研究（positive research）包括经验研究（empirical research）和分析研究（analytical research）。

型（CAMP）遗漏了风险因子而形成的股价现象，应计错误定价是多种因素影响而呈现的现象，简单归类于应计异象（accruals anomaly）不能反映其本质。本书中应计错误定价概念包含了应计异象概念，但不止于应计异象。

2009年，美国《会计与经济学杂志》（Journal of Accounting and Economics）编辑，组织知名会计学者对近年会计异象和基本面分析文献进行回顾（Richardson、Tuna和Wysocki，2009），该文对应计错误定价、盈余宣告后股价漂移（post-earnings announcement drift，PEAD）和价值-魅力异象（value-glamour anomaly）等三类会计异象进行分析，其中以应计错误定价所占篇幅最大，论述最为详细，一定程度上说明应计错误定价的稳健性及其在会计异象中的突出地位。Fama和French（2008）将应计错误定价与规模效应、动量效应等著名金融异象并列为最普遍的资本市场异象，显示了应计错误定价在金融领域中的重要意义。

近年来，我国经济持续快速增长[①]，经历35年发展后股市的完善壮大为资本市场会计研究提供了适合的土壤。作为权责发生制的产物，会计应计是能够综合表达会计信息的重要变量之一。对会计应计与资本市场信息相关性的研究对资本市场会计发展具有重大意义，其中一个重要领域，即应计错误定价的研究。此类问题我国已有学者研究（刘云中，2003；王庆文，2005；李远鹏和牛建军，2007；李志文和宋云玲，2009），但尚处于探索阶段，对我国应计错误定价的存在性及其具体特征等问题仍存在争论。鉴于此，以下问题尚待解答：

（1）中国市场是否存在应计错误定价？应计错误定价与盈余持续性的关系如何？如果存在应计错误定价，中国市场的应计与股票收益之间的关系与美国应计错误定价的表现特征是否相同？

（2）盈余管理与应计错误定价是否有关？非正常应计错误定价与盈余持续性的关系如何？

（3）中国的应计错误定价与投资增长的关系如何？持续观和投资增

① 国家统计局数字显示，截至2009年，我国GDP总量已跃居世界第三位，对外贸易总额已上升至世界第二位。

长观是否可以共同解释应计错误定价，两者各起何种作用？

（4）应计错误定价与中国市场的股价同步性的关系如何？后者对前者是否有影响？如有，影响如何？

本书拟以会计学、经济学和金融学三大学科为理论基础，分别从应计的会计学属性和经济学属性出发，运用持续观和投资增长观，结合我国股价同步性较高的实际情况，对应计错误定价问题进行研究解释。

1.1.2 研究意义

历经二十多年的研究发展，应计错误定价已为国际上金融学和会计学的主流学者所接受，在检验其他资本市场异象时，研究者往往将应计错误定价作为研究模型中的控制变量加以考虑或者直接在检验前将其影响剔除。作为资本市场中的一种异常现象，应计错误定价研究对会计学、金融学和经济学等学科具有不同程度的理论研究意义，同时对会计师、职业“第三方”和投资者具有一定的实务意义。

1）理论意义

（1）验证我国盈余各组成部分的持续性关系，揭示了各组成部分盈余的相对质量水平。持续观认为，盈余的应计组成部分和现金流量组成部分的持续性不同，最终导致了应计被市场错误定价。本书发现，研究样本期间，我国市场应计盈余持续性显著低于现金盈余持续性，意味着本期应计盈余比例相对高的公司，继期的会计盈余相对低，说明此类公司的本期盈余没有较好地预测下期盈余，即盈余质量相对不高。如同Penman和Zhang（2002）对盈余质量的定义，他们认为利润表报告的本期盈余如果较好地预测了未来盈余，则意味着盈余质量高。

（2）揭示我国应计错误定价的特征，为国际此类研究提供新兴资本市场的经验证据。本书研究发现，与美国不同，研究样本期间我国应计错误定价产生原因主要由持续观解释，投资增长观仅能解释部分传统行业样本，说明我国应计错误定价产生的一个主要原因是盈余管理。应计错误定价的提出，意味着通过公共可获得的会计信息，运用简单的套利策略，可以在我国市场上获得超常回报。该种现象不能为资本资产定价模型所解释，同时对有效市场假说提出了挑战，从而推动了市场行为理论和研究方法的发展。

（3）本书从应计的会计学属性和经济学属性出发，分别演绎出应计错误定价的两种理论解释的研究思路，为应计的其他经验研究提供借鉴。作为权责发生制下的产物，会计应计可以看作非现金类账户集合的总称（Richardson、Sloan和Soliman等，2005），其不同的计算方式亦体现出，财务报告中资产负债表、利润表和现金流量表三大报表间的勾稽关系，具有明显的会计学属性。Sloan（1996）从会计学视角，提出应计错误定价的持续观。资产负债表法计算的会计应计，具体为各种非现金资产、负债项目的代数和，亦可看作公司的净经营资产增长数。经济学中的边际报酬递减说明投资增长与报酬之间的规律。净经营资产增长在很大程度上反映了有关公司投资增长的经济情况，以会计盈余作为报酬的表征变量，则净经营资产增长与盈余的关系又可由边际报酬递减规律所解释。投资增长观从经济学的投资-报酬逻辑角度出发，将会计应计作为投资增长的表征变量以反映公司的经济情况，从此种意义上讲，会计应计具有了经济学属性。Jones（1991）从会计应计的经济学属性出发，以销售收入增长反映公司的经济环境，以固定资产增长来控制正常计入应计的折旧费用建立总应计的期望模型，来研究美国获得进口救济的公司的盈余管理行为。本书则从会计应计的两种属性出发，将持续观和投资增长观相融合，对我国应计错误定价进行解释。笔者认为，在研究会计应计的其他问题时，应同时考虑应计会计学和经济学属性，多角度地检验会计应计的经验特征，认识会计应计所起的作用。

（4）微观会计信息佐证宏观经济数据的一个体现。应计错误定价研究表明会计学不再局限于账务处理、报表编制的日常核算，而是与经济现象、资本市场有着密切的联系，并在一定程度上说明会计信息对微观企业、宏观经济的重要作用。会计学不仅用独特的会计语言解释了企业的日常经营活动，并且通过基本的会计信息表述出经济学中关注的基本生产活动，反映经济学的基本规律。此外，会计数据一方面影响了股市走势，在资本市场的股票定价问题上起了重要的基础作用；另一方面，较之市场中公众可获取的其他信息，会计信息经过严格的审计、财务分析师等职业“第三方”的专业解读和一再求证，已俨然成为不可替代的有助于决策的基础数据。由此看，运用会计数据研究经济现象或规律更具可靠性。作为经济学的一个重要基本规律，边际报酬递减规律未曾被严格的数学模型证明，是经验累积得出的结论。本书第6章发现我国部分传统行业样本的应计错误定价可以由投资增长观解释。也就是说，通过对长、短期经营性应计的检验，本书发现部分行业出现应计错误定价的一个可能原因是边际获利能力下降，而这是建立在研究样本确实存在边际报酬递减的前提下，从这种意义上看，本书运用微观会计数据间接地提供了支持边际报酬递减规律的经验证据。

（5）在我国会计盈余与股价关系研究的基础上，进一步展开对会计应计与股价关系的研究。由于会计盈余是财务报告报出的主要结果之一，早期资本市场会计研究主要集中于盈余信息含量、盈余持续性、盈余预测、盈余各组成部分信息含量等股价报酬与盈余关系的研究（Ball和Brown，1968；Lipe，1990；Kormendi和Lipe，1987；Dechow，1994等）。该阶段研究围绕着盈余与资本市场的关系展开。Sloan（1996）发现市场对应计错误定价后，引起学者们对会计应计变量的关注，开始对应计错误定价、应计持续性、应计质量等问题进行研究（Sloan，1996；Xie，2001；Beneish和Vargus，2002；Dechow和Dichev，2002等），从而将会计盈余与股价的关系推进至盈余的应计组成部分与股价关系的研究。我国资本市场会计研究开展较晚，目前多集中于会计盈余与资本市场关系的研究。本书结合我国国情对应计错误定价进行研究，一定程度上拓展了我国资本市场会计的研究领域。

2）实务意义

（1）应计账户的极端处理，与公司股价变动相关

本书研究发现，研究样本期间我国总应计、非正常应计与股价分别存在负相关关系，当剔除亏损样本后，该现象更加稳定。这说明公司对应计账户核算方式的改变，可能会造成一定的经济影响，使盈余增加的应计（income-increasing accruals）较多的公司往往被高估（Beneish和Vargus，2002），当市场发现公司未来盈余低于预期盈余时，高估的股

价得以更正。本书发现，我国盈利样本的应计错误定价程度相对较大且更加稳定，这说明大量计提使盈余减少的应计（income-decreasing accruals）的公司往往未被低估。管理层调整应计的一个动机可能是意图影响公司股价。

（2）提供应计套利策略，指导投资者理性投资

持续观和投资增长观都假设投资者未能理解会计信息的真正含义，从而错误估计了应计错误定价，并得到样本数据的支持。说明我国市场大部分投资者并不成熟，对财务报告未能很好地理解，功能锁定于会计盈余，忽略了其他会计信息。由本书可知，投资者应关注报告盈余的具体组成部分比例，对应计盈余比例极端的公司，应谨慎投资；对投资增长极端的公司，应关注其所在行业特点，是新兴行业还是传统行业，考虑该行业边际报酬处于何种水平，边际报酬递减还是递增，根据具体情况进行投资。

1.2 研究对象

1.2.1 应计的含义

1970年，美国会计原则委员会（APB）公布的《公司财务报表中的基本概念和原则》（APB Statement No.4）提出财务会计的13项基本特征，指出“应计（accruals），期间收益和财务状况的确定，取决于非现金资源和义务的计量”[①]。由该表述可看出：

（1）从根本意义上讲，会计应计是应计制（权责发生制）下的资源和义务总量与现金制（收付实现制）下的资源和义务总量之间的差额，即应计是应计制独有的反映公司非现金资源和义务的合计。Richardson、Sloan和Soliman等（2005）在Feltham和Ohlson（1995）净剩余关系的标准假设基础上，推导出被认为是最全面概括会计应计的表达式。结果再次表明会计应计是非现金资产账户变动额与负债账户变动额之差。其

① 杜兴强，章永奎，等.财务会计理论［M］. 厦门：厦门大学出版社，2005：67.

中，非现金资产账户指除现金、交易性金融资产外的长、短期非现金经营性资产和金融资产账户，负债指长、短期经营性负债和金融负债。

（2）从表现形式看，应计具有“期间收益”和“财务状况”两种形式，即表示为会计盈余的一个组成部分的形式和表示为资产、负债账户代数和的形式。由此对应了应计的两种计算方法，现金流量表法和资产负债表法。由会计盈余的核算可知，反映资源和义务的资产和负债类账户与会计盈余存在对应关系。从理论上讲，两种计算方法的结果相同，都表示应收（付）未收（付）的资源或义务，但前者侧重于反映财务状况，后者侧重于反映经营成果。从实务上看，由于非经营性事项（如合并、清算等）的发生，两种计算方法略有不同。

经验研究中所研究问题往往就应计对公司某一会计期间经济状况、股价等的影响进行检验，计算应计变量的受益期间往往属于某一会计期间，因此，由反映某一时点财务状况的资产、负债类账户表示的应计应该相应地表示为各账户变动额的代数和。而这与反映某一会计期间经营成果的应计盈余的时间特征一致。

由于涵盖范围不同，应计具有多层次概念，如总应计、正常应计、非正常应计和反映经营活动净资产变动的经营性应计等，选用不同层次的应计作为检验对象，旨在说明研究结果适用于总的“应计”范畴。本书论述中，一般不区分应计、会计应计、应计项目与应计盈余的含义，皆指“应计”。在具体计算表征变量时，本书将资产负债表法的计算结果称为应计项目，将现金流量法的计算结果称为应计盈余，以区分两种方法所侧重的不同属性。

1.2.2 错误定价的含义

金融学中，一般将未被资本资产定价模型解释，有悖于有效市场假说的定价，称作市场对资产定价错误，即错误定价。新古典宏观经济学中的理性预期学派认为，人们会尽最大可能寻求最优化，“预期”应与可得信息做出的最优预测相一致。由此，有效市场假说可以看作理性预期假说在金融学中的应用。Mishkin（1983）基于理性预期假说建立了模型，对宏观经济问题进行检验，并对债券市场的微观数据进行检验，发现债券市场预期是理性的。本书借鉴Sloan（1996）的方法，采用Mishkin（1983）模型发现应计项目回归的参数与正确均衡定价方程的参数不同，说明市场对应计项目存在错误定价。在本书中，错误定价指市场中资产（应计项目）的价格偏离其真实价值的现象。

1.2.3 应计错误定价的含义

应计错误定价是指会计应计被市场错误定价的一种现象，又被称为应计异象。Sloan（1996）首先发现美国市场存在应计错误定价。具体而言，Sloan（1996）发现应计盈余持续性低于现金盈余持续性，投资者未能理解这一信息，高估了应计盈余持续性。当采用买入应计相对低公司投资组合、卖出应计相对高公司投资组合的交易策略时，一年后可以取得10.4%的显著正向超额收益。由此，应计错误定价有两方面含义：（1）从统计学的角度看，会计应计与未来股价呈现负相关关系，市场识别了应计信息，但是对应计信息过度反应，高估了应计相对高的公司，即市场对会计应计进行了错误定价；（2）从经济学的角度看，通过构建应计套利策略可长期获取超额回报，有悖于有效市场假说。导致应计错误定价的原因尚待研究，本书选择不同层次应计作为表征变量，分别从会计学角度和经济学角度解释并验证我国应计错误定价问题。

1.3 研究内容与研究方法

1.3.1 研究内容与逻辑思路

1）逻辑思路

为探寻我国应计错误定价的存在性问题、特征及相关理论解释，本书依据明、暗两条逻辑线对其进行论证。从我国应计错误定价的研究现状看，学者们对我国应计错误定价的存在性、表现特征以及错误定价程度等问题仍存在争议。本书开篇即点出此背景下，有待于探究的我国应计错误定价的具体问题，为后文的展开奠定基调。

首先，明线指“应计错误定价与盈余持续性—应计错误定价与投资增长—应计错误定价与盈余持续性、投资增长—应计错误定价与股价同步性—结论与建议”，体现为各章节的名称。基于应计错误定价的存在性检验是依据幼稚投资者假说（持续观）进行的，本书在该条逻辑线的第二段“应计错误定价与盈余持续性、投资增长”中，对持续观的进一步延伸，进行了检验，对投资增长观则直接进行首次检验，并进而对两种理论解释的融合进行检验。由于我国是新兴的资本市场，股市中很有可能存在股价波动的同步性问题，该条逻辑线的第四段剔除股价波动同步性因素后，对前几段的结论进行稳健性检验，最后得出结论。

其次，暗线指“存在性问题—持续观—投资增长观—两观的融合—股价同步性与稳健性检验—结论与建议”，暗含在各章节对应计错误定价的理论解释以及相关检验之中。作为应计制中的核心变量，研究会计应计的资本市场表现特征是本书谋篇的初衷之一，通过应计的会计学定义及收益计量观对应计含义的偏重，本书总结出会计应计的两重属性，即同时具有灵活、易于盈余操纵的会计学属性和反映投资增长的经济学属性。通过对应计错误定价的经验文献的论述总结，可知应计项目的会计学属性和经济学属性分别衍生出了当今应计错误定价的两大假说——幼稚投资者假说（持续观）和投资增长假说（投资增长观）。正是由于两种理论解释源于应计的两个属性，说明了两种理论解释的基础前提具有统一渊源，可相互融合，从理论上解释了国际上对两大假说的对立争论。

2）研究内容

基于上述思路，本书构建的逻辑结构如图1-1所示，具体分4个部分、8个章节进行论述，各章的基本内容如下：

第1部分提出问题，即第1章导论。该部分主要说明本书的研究动机、研究意义，研究对象及其概念界定，论述本书逻辑思路、研究内容、研究方法以及主要贡献等全局问题。

第2部分为理论分析，分为规范理论论据和经验理论论据两类论述，具体包括第2章和第3章。

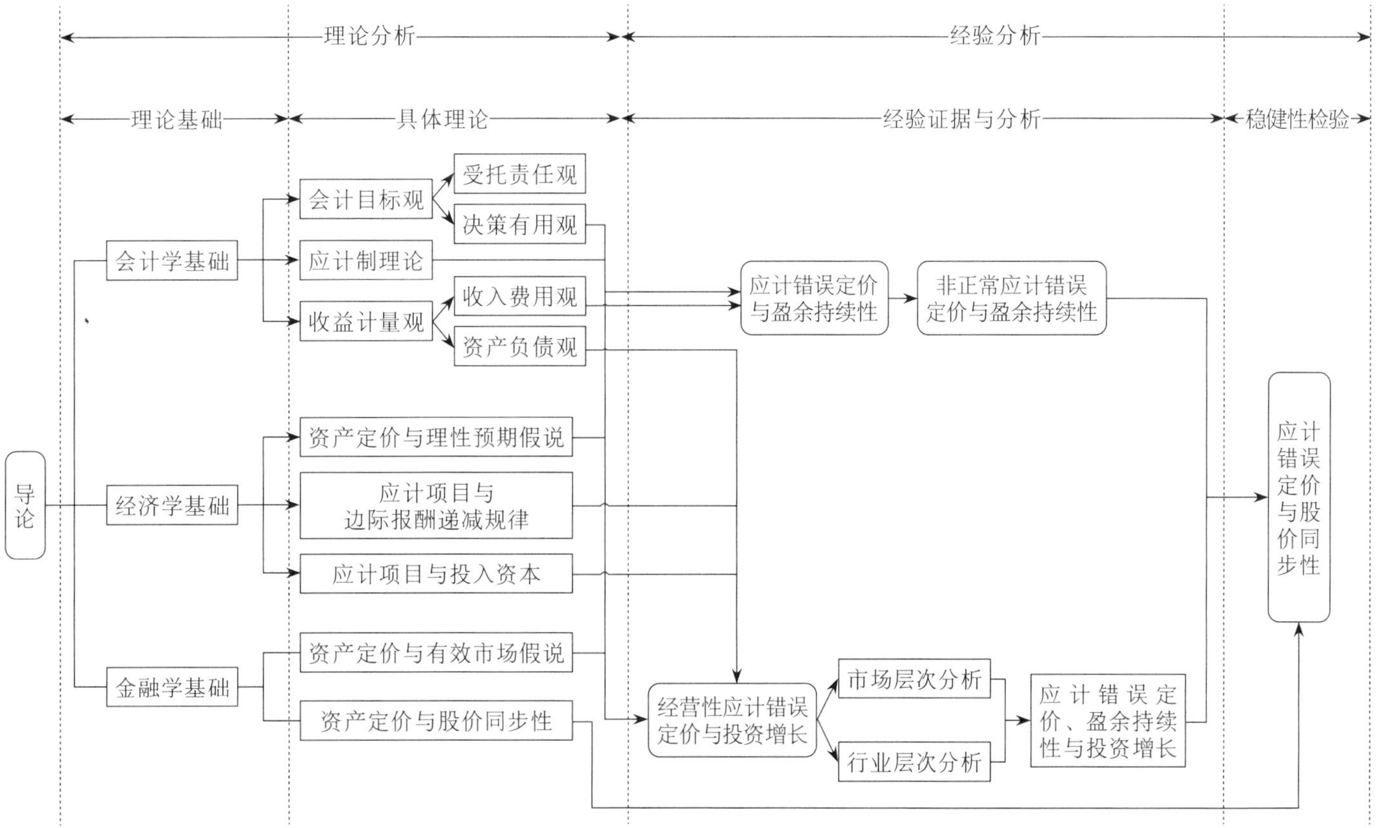

理论分析
经验分析
理论基础
具体理论
经验证据与分析
稳健性检验
导论
会计学基础
经济学基础
金融学基础
会计目标观
受托责任观
决策有用观
应计制理论
收益计量观
收入费用观
资产负债观
资产定价与理性预期假说
应计项目与边际报酬递减规律
应计项目与投入资本
资产定价与有效市场假说
资产定价与股价同步性
应计错误定价与盈余持续性
非正常应计错误定价与盈余持续性
经营性应计错误定价与投资增长
市场层次分析
行业层次分析
应计错误定价、盈余持续性与投资增长
应计错误定价与股价同步性

图 1-1　本书逻辑结构图

规范理论论据对应本书第2章理论基础。本书以会计学、经济学和金融学三大学科的理论为基础展开研究，具体包括会计学的会计目标观、应计制理论和收益计量观，经济学的理性预期假说、边际报酬递减规律和投入资本，金融学的有效市场假说与股价同步性。

经验证据对应本书的第3章文献综述，主要是对应计错误定价各类文献的梳理与论述。本章根据应计错误定价理论解释及研究对象的不同，将应计错误定价文献分为四大类，即应计错误定价与盈余持续性、投资增长、其他理论解释和股价同步性。

第3部分为经验分析，是本书的核心部分，主要对应计错误定价与盈余持续性（持续观）、投资增长（投资增长观）、两种理论解释及融合、股价同步性（稳健性）等问题进行经验检验，具体包括第4章、第5章、第6章和第7章。

第4章对我国应计错误定价与盈余持续性进行检验。本章发现，我国A股市场非金融企业的现金流量持续性高于应计持续性。在应计投资策略下，投资于极端应计投资组合可获得较高超额收益率。应计盈余存在反转现象，对应计盈余的高估，说明投资者未能识别应计盈余反转的特性，我国A股市场在样本期间存在一定程度的应计错误定价。盈利样本下，应计错误定价的程度更高。

第5章对非正常应计错误定价与盈余持续性进行检验。本章将总应计分解为正常应计和非正常应计，检验发现，研究样本期间现金流量持续性高于非正常应计持续性，与正常应计持续性不存在显著区别，说明总应计的较低持续性主要源于非正常应计部分，而这可能是盈余管理的结果。数据表明，A股市场在样本期间存在比较稳定的非正常应计错误定价，且结果具有稳健性。当剔除亏损样本后，所得套利收益进一步增加。

第6章对经营性应计项目错误定价与投资增长进行检验。本章分市场和行业两层次提出假设，分别对全行业样本和分行业样本进行多元横截面回归检验、Mishkin检验和套利检验，结果发现，研究样本期间投资增长观未能解释我国市场层次的应计错误定价，在控制了本期盈利能力后，短期经营性应计对下期盈利能力有显著的负向贡献作用。但是，投资增长观对我国的纺织、服装、皮毛业，金属、非金属业，机械、设备、仪表业，电力、煤气及水的生产和供应业等四类行业样本的应计错误定价，具有解释力。

第7章是对应计错误定价与股价同步性进行检验，即剔除股价同步性后对第4章、第5章和第6章的结果再次检验，验证了结论的稳健性。

第4部分为全书结论，即第8章结论与建议。本部分阐述了前文各章节检验的结果及由此得出的结论，并根据本书的研究思路、方法、经验结论，对我国资本市场会计研究、准则制定等环节提出几点建议，最后指出本书研究不足，并提出对未来研究的展望。

1.3.2 研究方法

本书属资本市场会计领域中会计异象、基本面方面的研究，主要适用于经验研究中的文档研究法（archive study）。本书主要致力于对应计错误定价与盈余持续性、投资增长、股价同步性的检验，研究我国应计错误定价的存在性、理论解释等本源问题，从而决定了本书对规范方法的运用。

从整体看，本书遵循了演绎的逻辑思路，首先提出问题，阐述理论依据，提出假设；其次对应计错误定价与盈余持续性、投资增长等进行经验分析，对剔除股价同步性的应计错误定价进行稳健性检验；最后提出结论与建议。从本书局部看，持续观与投资增长观的提出，亦是遵循一种由基础理论演绎到解释经济现象的实用理论的思路。在分析回顾文献时，遵循了归纳的逻辑思路，通过对各类文章的分析比较，得出较为成熟的结论。

本书核心部分主要采用文档研究法，利用迭代广义非线性最小二乘法和套利策略，对我国应计错误定价进行统计学和经济学的双重检验，并附之混合样本的最小二乘模型、Fama-French三因素模型等进行稳健性回归检验。对将持续观与投资增长观相融合的部分，本书采用了带有交互项的混合样本横截面回归模型进行检验。对股价同步性与应计错误定价的研究，本书采用了单变量回归模型残差代替股价同步性的方法，分离了股价同步性对应计错误定价的影响。

总之，本书以经验研究中的文档研究法为主，在全书框架中贯穿逻辑演绎的思想，细节处遵循了归纳的逻辑思路。

1.4 本书的主要贡献

应计错误定价是截至目前最具稳健性的资产错误定价，中外学者对其进行了大量研究。我国一些学者对这一问题进行了卓有成效的研究，但多以Sloan（1996）提出的幼稚投资者假说为前提假设进行检验，并且对我国是否存在应计错误定价现象，结论不一。基于此，本书对此类研究的主要贡献如下：

（1）借鉴Sloan（1996）的研究思路，运用Mishkin检验和套利检验对我国A股市场1998—2006年的非金融企业进行研究，结果发现我国存在一定程度的总应计错误定价，并且结论经过稳健性检验。就此类研究中的争议提出笔者的结论。

（2）借鉴Xie（2001）的思路，首次提出我国市场中存在非正常应计错误定价，并发现较之全样本，盈利样本的非正常应计错误定价在经济上更显著。

（3）在Fairfield、Whisenant和Yohn（2003a）方法的基础上，结合我国国情，首次采用分行业的方式，对我国经营性应计错误定价的投资增长假说进行经验研究。

（4）首次将股价波动同步性与我国应计错误定价结合起来，剔除股价波动同步性后，对应计错误定价的套利结果进行再次检验，发现应计错误定价趋势更加稳定，说明了前述结论的稳健性。

2 应计错误定价的理论渊源

本书在会计学的会计目标观、应计制理论和收益计量观，经济学的理性预期假说、边际报酬递减规律和投入资本，金融学的有效市场假说与股价同步性等理论的基础上，对盈余持续性、投资增长两种理论对应计错误定价的解释及其融合进行经验研究。本章通过对会计应计与上述理论关系的论述，一方面说明应计同时具有会计学属性和经济学属性，为后文应计错误定价的两种理论解释的融合奠定基础，另一方面，指出应计错误定价作为一种异象是针对有效市场假说提出的。

2.1 会计学基础

2.1.1 会计目标观

1）会计目标的含义

美国财务会计准则委员会的SFAC No.8指出："编制财务报告是为

现在和潜在的投资者、出借人和其他债权人进行企业资源配置决策提供有用的财务报告信息，以便他们做出合理的投资、信贷及类似的决策。”FASB在主张“决策有用观”的同时，将信息使用者及使用场景进行了划分，明确了会计信息有助于资本市场中的投资、信贷等决策。

英国会计准则委员会的财务报告原则公告指出：“财务报表的目标是提供有关报告主体的财务业绩和财务状况的信息，从而有助于各类使用者评价报告主体管理当局的受托责任以及制定相关的经济决策。有助于报表使用者评价报告主体产生现金的能力（包括时间及确定程度）以及评价报告主体的财务适应能力。”ASB坚持“受托责任观”的同时，包含了部分的“决策有用观”，且强调对决策有用的信息是指现金流量的所属时间点与确定的比率，以及不确定性情形下企业的现金流适应能力。

国际会计准则理事会指出：“财务报表的目标是提供有关企业财务状况、经营业绩和财务状况变动方面的信息，这种信息对一系列使用者进行经济决策是有用的……财务报表还反映了管理当局对受托资源的保管责任或受托责任的实施效果。使用者之所以希望评估管理当局的保管责任或受托责任，是为了能够做出经济决策……”IASB主张“决策有用观”的同时，也支持“受托责任观”，并列举了信息使用者对“受托责任”信息的需求。

我国财政部颁布的《企业会计准则》指出：财务会计报告的目标是向财务会计报告使用者提供与企业财务状况、经营成果和现金流量等有关的会计信息，反映企业管理层受托责任履行情况，有助于财务会计报告使用者做出经济决策。我国会计目标与国际会计准则中的目标一致，以“受托责任观”与“决策有用观”并重的方式提出。

由各国家或组织对会计目标的界定，可看出会计准则制定者基于本国家、组织或地区所辖范围内公司治理特点的考量，也反映出会计信息系统与公司治理的对应关系。英国“利益相关者”的公司治理模式决定了其对“受托责任观”的偏爱，美国“股权导向”的公司治理模式决定了其只采用了“决策有用观”。国际会计准则协调全球公司的治理特点，平衡了“受托责任观”和“决策有用观”。考虑到我国企业所有制构成的特点，“受托责任观”在我国会计信息系统中是必要的，“决策有用观”亦反映我国资本市场的信息需求。随着我国经济迈入新征程及数字经济的来临，我国会计目标将会迎来新的变化。

2）两种观点

学界认为会计目标一般分为受托责任观与决策有用观。受托责任观是从代理人理论发展而来的。与公司治理的利益相关者理论相联系，引入了社会责任理念。这种观点侧重于受托方应尽职履行受托责任和社会责任的过程，如实向委托方报告和说明受托责任的结果。决策有用观是FASB的创新，将会计目标与财务报告目标统一起来，侧重于为现在和潜在的各类信息使用者提供对企业资源配置决策有用的财务报告信息。随着科技的发展，大中型企业广泛运用企业资源计划（enterprise resource planning，ERP），会计的主要职能由核算和监督逐渐向管理和服务于企业战略发展转变。

随着经济科技的发展，会计作为一种信息媒介的特点愈加突出，“受托责任观”与“决策有用观”也因此有了新的延伸，被称为计量观会计和信息观会计，又称之为价值计量观和信息含量观（约翰·A.克里斯滕森和乔尔·S.德姆斯基，2006）。价值计量观认为，会计的主要目标是报告会计对象的“经济价值的存量和流量”。信息含量观认为，会计的主要目标是通过财务报告向信息使用者传递会计信息。前者侧重于研究会计系统计量会计对象的方法、过程及结果的相关性和可靠性。后者侧重于研究财务报告传递出的会计信息含量，如何满足各方信息使用者的需求，会计信息与股价、债券价格、IPO、定向增发、证券市场监管、企业审计、会计准则制定等资本市场各类要素或事件的关系。

“作为一种信息渠道”，财务报告与资本市场中的各类经济事件建立了关联。信息含量观会计适合于基于资本市场整体、跨学科角度研究会计信息系统。在数字经济驱动新一轮全球经济变革时期，会计信息将会有更多层次、更具体、更丰富的信息含量。信息含量观使得会计系统成为可拓展的连接资本市场各方的信息媒介。本书正是基于信息含量观，研究会计核心变量应计项目与资本市场的关系。

2.1.2 应计制理论

应计的概念在第1章已经详细阐述，本部分主要对由应计制原理导致的应计特点和有别于现金流量的作用进行重点论述。

1）应计制的本质

应计制，即权责发生制，是“企业会计确认、计量和报告”[①]的基础。APB Statement No.4指出“公司在单位会计期间（1个月、1个季度或1年）内，难以完成‘货币—生产资源—产品—货币’的资本循环，往往表现为连续的生产活动、交叠的资本循环，以及广泛地采用跨期资源和义务的情形，极可能导致由交易或事项产生的资源或义务的受益期，与实际收付现金的会计期间不一致。为确定各期损益，衡量财务状况，记录上述变动是必要的，这是应计制的本质。”实际经营活动中，产品的生产周期往往与会计期间不一致，从而导致了跨期资产或负债，为确定各会计期间的经营业绩，因而采用应计制会计。1985年，FASB发布的财务会计概念公告第6号《财务报表的各种要素》（SFAC No.6）进一步解释了应计制的本质，“应计制会计，试图将交易或事项在发生会计期间内对现金流量的影响，作为该交易或事项对某一主体财务作用的结果来加以记录，而不是将财务结果限于该主体收取或支付现金的会计期间”。也就是说，应计制注重的是交易或事项对某一主体产生作用的期间，而不是实际交易现金的期间。1989年，国际会计准则委员会（IASC）批准通过的《编报财务报表的框架》，对应计制的核心内容作如下论述：“应计制要求交易或事项发生时，将其影响计入所属会计期间加以确认，并在该期间的财务报表中予以列报。应计制下的财务报表，向使用者报告了公司过去发生的、涉及现金流量的交易或事项，同时也报告了公司未来需支付现金的义务和未来可收取现金的资源。由此，公司财务报表为使用者提供了有用于经济决策的过去发生的交易或事项的财务信息。”对于应计制的理解，佩顿和利特尔顿曾指出：“对外行而言，作为一项规则，‘成本’和‘费用’指的是支付的现金，而

① 中国注册会计师协会．会计［M］．北京：中国财政经济出版社，2010：8.

‘收入’和‘收益’指的是收取的现金。但……会计上配比的……是努力（成本）和成果（收入）、获取的原务和提供的服务、获取的价格积数和处置的价格积数。所有这些都应通过‘成本与收入’和‘应计制会计’来加以理解。”（佩顿和利特尔顿，1940）不难看出，应计制的重要本质在于权利与责任的配比。

2）应计制的特点

由各准则制定机构和学者对应计制本质的表述可知，会计应计具有如下三个特点：

第一，应计表征变量计算的两条思路。应计制理论一方面要求配比“收入”和“费用”，另一方面要求在交易或事项发生当期确认资产和负债。会计应计在首次确认时，即同时产生计入利润表的“收入（费用）”和计入资产负债表的“资产（负债）”。由复式记账的“借贷必相等”原则易知，利润表中当期会计盈余所包含的应计部分在理论上应等于资产负债表中应计项目的当期所产生部分。前者计算应计的过程，即经验研究中计算应计表征变量的现金流量表法，后者的计算过程，即资产负债表法。显然，采用相同层次的报表项目进行计算时，两种方法的结果理论上是相等的。

第二，应计的核算需要较多职业判断，易被操纵。应计制以交易或事项“真正产生”影响的期间为确认的时间基础。在实务中，“真正产生影响”标准因所涉及业务特征的不同而不同。如有关销售商品业务，我国《企业会计准则第 14 号——收入》第四条规定，企业应当在履行了合同中的履约义务，即在客户取得相关商品控制权时确认收入。第五条规定了收入确认的前提条件。尽管如此，但是由于公司对收入确认的前提条件理解不足或是出于机会主义原因，销售商品收入的确认时间出现偏差，进而影响当期会计盈余。又如，有关固定资产折旧计提，我国《企业会计准则第 4 号——固定资产》第十七条规定，企业应当根据与固定资产有关的经济利益的预期实现方式，合理选择固定资产折旧方法。可选用的折旧方法包括年限平均法、工作量法、双倍余额递减法和年数总和法等。固定资产的折旧方法一经确定，不得随意变更。但是，符合本准则第十九条规定的除外。“经济利益的预期实现方式”因报告主体、所处外部经济环境的不同而各异，折旧方法的选择直接影响会计盈余，最终结果取决于会计人员的职业判断和动机。此外，应计制更多关注的是公司权利或义务的受益期间，而非现金实际收付期，往往导致交易或事项的确认时点与现金收付时点不一致。应计制下确认条件复杂多变、会计方法的多种选择以及“确认”与“收付”时点上的不一致为公司操纵应计管理盈余提供了空间。吴东辉（2001）对我国1993—1999年上市公司应计项目的选择进行研究，结果发现我国存在一定程度的影响盈余的应计项目选择问题。

第三，应计“先天”的不稳定性。由于应计制以权利或责任的发生为确认时点，当会计应计入账时，企业并未产生与之相关的现金流动，而当该交易或事项产生的现金流实际流进或流出企业、年终结转或对与之相关的权利或义务进行调整时，前期入账的应计则相应转回，从而导致了应计自身的反转（reverse）特点。且由于不可抗力、人为因素等，不能绝对保证以后会计期间会有相应的现金流量产生，因而，从概念范畴看，应计对公司的会计盈余影响具有不稳定性。如最普通的应计资产——应收账款，赊销业务发生时，公司确认应收账款，同时增加当期会计盈余，而在以后的会计期间，应收账款可能由于购货方拖欠、破产等无法讨回而成为坏账，使得以前增加的会计盈余在确认坏账后调减。从时间序列角度看，较之现销业务，赊销业务造成了会计盈余的不稳定性。又如，资产负债法核算所得税时，为表明各期间企业所得税所带来的经济利益流入或流出，在各期间确认递延所得税资产或负债，同时减少或增加所得税费用，对某一会计期间盈余的调减（增）效应，极可能因为税率、资产变动等外部因素而反方向调整未来期间盈余，导致盈余在各会计期间的不稳定性。由于应计自身定义的限定，使得应计盈余易受到外部因素的影响，进而表现为应计盈余的持续性“先天”低于现金盈余持续性。

3）应计的作用

由应计制的本质决定，应计具有如下作用：

第一，配比各期收入和费用，平滑收益。佩顿和利特尔顿在所著的《公司会计准则导论》中指出，应计制“会计的主要问题”是确认“本期”和“未来期间”的“收入”与“相关成本”的配比，就是说，将连续的“成本流”和“收入流”分段，分别正确地分配到“本期”和“未来期间”。各期间分配到的收入与成本的差额，表明了企业在各期的经营成果，满足了股东等其他契约方了解管理层经营公司的成果、考察其胜任能力等要求，减少了信息的不对称性。Dechow（1994）研究证明，会计应计在提高盈余，反应公司业绩方面起重要作用，尤其是在衡量公司的短期经营业绩方面。Gibbins 和 Willett（1997）认为配比原则产生的收益平滑作用，减少了周期性（periodic）会计盈余的方差，使之更接近各期间的长期盈利。验证了 Gibbins 和 Willett（1997）的推测，Su（2005）发现盈利公司中配比原则总是起到平滑利润的作用，但亏损公司并非如此，并指出配比原则是更好地估计公司长期盈利能力的理性基础。Dichev 和 Tang（2008）对美国 1967—2003 年数据进行检验，发现差的配比性会导致同期费用和收入的相关性降低、盈余波动性增加、盈余持续性降低以及盈余变动的负向自相关。他们认为，配比原则对盈余的性质有显著影响，甚至可以通过配比原则的质量来研究包括盈余预测和权益估值在内的盈余质量问题。

第二，及时确认未实现利得和损失（unrealized gains and losses），降低现金流量对盈余的“噪声”。经济收益和损失可以被看作本期现金流与预期未来现金流现值的修正数的代数和。Ball 和 Shivakumar（2006）指出“及时确认利得和损失”是在预期未来现金流得以修正时，即确认相应的利得或损失。而修正预期未来现金流通常都是在现金实际收付前进行的，及时确认会计盈余中的利得和损失需要引入会计应计，这是现金类账户无法核算的。由此，会计应计降低了现金类账户未能及时确认利得（损失）的“噪声”。

应计制以权利或义务发生时点为确认时间基础的本质，决定了会计应计的易操纵性和不稳定性，从而导致应计盈余的较低持续性。后文所述应计错误定价的持续观解释，即是在此基础上提出的。同时，应计制的本质决定了会计应计平滑利润的作用和及时确认未实现利得和损失的作用，使得应计具有更好的长期盈余预测能力，并消除了现金流量自身的及时性（timing）和配比性（matching）问题，说明会计应计具有现金流量所不能替代的作用，应计错误定价问题的研究也因此愈显重要了。

2.1.3 收益计量观

无论从经济学含义还是会计学含义看，收益都是一个差量值，因此，不同计量收益理论之间的主要差别在于求差所选用的要素种类不同。收益的这种差量值属性决定了收益的衡量应遵循某种“资本保全”的理念，即收益的计量应以“不侵蚀资本为前提”[①]。资本保全按照所保全资本的不同，可以分为财务资本保全和实物资本保全。相应地，收益计量观依据所遵循资本保全种类的不同，分为收入费用观和资产负债观。应计作为一类会计账户，其表征变量在不同收益计量观中所侧重的计算方法有所不同。

1）应计与收入费用观

财务资本保全认为，在初始投入的货币量得到保全的前提下，公司净资产（除与所有者的往来）的变动额应与货币的净流量（即收入与费用之差）相等。收入费用观正是基于这一思路提出的，强调收入与费用的配比，即本期收益是本期收入与本期费用相配比的结果。收入费用观，则以收益的确定为重，会计要素的定义与分类中没有将资产和负债放在优先位置上，各会计要素在定义上没有明显的勾稽关系，相比而言，更为注重收入与费用的直接配比及其结果。会计计量的重心是收益，资产计量从属于收益确定，资产也更多的是作为从属于收益确定的一项会计要素存在（即从成本耗费的角度去定义），因此更侧重于收益。佩顿和利特尔顿（1940）认为当收入的金额超过应分配的费用总额时就产生了收益，收益就是成果超过努力的部分，在收益的确定中，强调配比原则的应用，即把某一期间内相关联的收入和费用配比，如果收入大于费用即为收益，反之即为亏损。收入费用观下，应计往往被看作会计盈余的组成部分，计算应计表征变量时，主张采用现金流量表法求得应计盈余。

---

① 斯密. 国民财富的性质和原因的研究［M］. 郭大力，王亚南，译. 北京：商务印书馆，1972.

2）应计与资产负债观

实物资本保全认为，在保全期初净资产生产能力不变的条件下，期末净资产生产能力增强，则为收益，期末净资产生产能力减弱，则为损失。资产负债观在此基础上提出通过资产和负债计算主体收益。具体而言，收益应是除业主与企业的经济往来外的、企业在一定期间内的净资产的变动额。也就是说，此种观点认为收益是某一期间期末与期初净资产（业主往来除外）的差量值。资产负债观下，以“资产”和“负债”两要素为基础，并根据二者变动方向定义其他要素。其中的相互关联，体现在财务报表之间的勾稽关系上。但这种关联是有侧重的，即资产计价是计量的重心，应首先保证资产负债表的可靠性。不难看出，收益计量从属于资产的定价，直接用公司资产和负债的量度确定收益（陈国辉，2007）。资产负债观下，往往强调应计为资产负债表中各资产、负债项目变动额代数和的表达方式。

这两种计量收益的方式中蕴含了会计的各类要素，体现了复式记账体系下各会计要素间的勾稽关系，同时因分属两大会计等式而具有显著差别，从而使得此两种观点所引导的准则体系也各有侧重。从实质上看，两种收益计量观的理论基础不同且有所区别，进而衍生出许多其他会计理论上的差别。

本书用收入费用观下的计算收益方式，现金流量表法计算得出的应计盈余，衍生出第3章应计错误定价持续观检验的应计表征变量。资产负债观的计算收益方式更贴近经济学利润的含义，侧重于利用资产负债表的项目计算应计项目，由此衍生出第6章应计错误定价的投资增长观的应计表征变量。

2.2 经济学基础

新古典宏观经济学中的理性预期学派指出，如果人们是理性的，那么他们会最大限度地高效利用所得信息保障行动与理论预期相一致。因此，理性预期学派认为，平均地看，人们基于理性对资产价格的预期应该是准确的。理性预期学派认为宏观经济是微观经济的累积，微观经济是微观经济体行为的结果，因此宏观经济理论应有其微观经济基础。新古典经济学者们以微观假设为基础构建宏观行为模型，理性预期为微观主体与宏观经济变量之间搭建了桥梁。

微观经济学中的边际报酬递减规律被称为“最著名的经济关系之一”（萨缪尔森和诺德豪斯，1992）。美国经济学家J.M.克拉克也曾指出：“知识是唯一不遵守报酬递减规律的生产工具。”边际报酬递减规律是实践中总结出的基本规律，虽未经严格的数学公式证明，但在许多经济活动中得到了验证。一般认为，边际报酬递减是微观经济学的核心基本规律之一，是描述短期生产活动中，投入资本与产出关系的规律。基于资产负债观下应计的含义侧重与“投入资本”之间的联系，本节主要对资产定价与理性预期假说、应计项目与边际报酬递减规律、应计项目与投入资本关系分别进行阐述。

2.2.1 资产定价与理性预期假说

约翰·穆斯借用工程学中的“理性预期”概念，于1961年在《理性预期与价格变动理论》一文中提出了理性预期假说，即假定：人们在进行预测时，总是尽自己可能地收集信息并以此为依据。该假说认为，在基于所有过去可得信息的条件下，任何变量的市场主观概率分布与其客观概率分布相一致。

基于“市场估计的预期等于所有可得过去信息的真实条件预期”的假设，Mishkin（1983）对微观债券市场进行检验，发现债券市场存在理性预期。此后，许多会计学者运用Mishkin（1983）理性预期检验对某些会计变量进行研究，以检验市场对该会计变量定价是理性的还是非理性的（错误的）（Sloan，1996；Xie，2001；Collins和Hribar，2000；Hirshleifer、Hou和Teoh等，2004）。

2.2.2 应计项目与边际报酬递减规律

熊彼特（2001）认为斯图亚特在其著作《政治经济学原理研究》中，提出边际报酬递减规律的萌芽思想。斯图亚特指出，在土地一定的前提下，人口增加使得土地越来越贫瘠；以同等的生产努力作用于日渐贫瘠的土地，所得收成会愈来愈少。一般认为，边际报酬递减规律的正式概念是由杜阁（1961）提出的。杜阁（1961）发现，在一块土地上连续投入等量的劳动，开始时，每增加等量劳动后所获产出都在增加，当增加产量与劳动增量比达到一定程度时，每增加等量劳动后所获产出都在下降。这一思想的精妙之处在于，揭示了报酬递减并非贯彻生产活动的始终，而是容纳了报酬递增的阶段，彻底消除了此前的扩大生产导致绝对的报酬递减的错误看法。此外，杜阁在陈述中运用了连续增量，而非每单位的产出，说明他已经运用了边际分析的思想。当然，杜阁未强调技术水平一定的前提，使得其报酬递减的陈述仍有一定局限性。补充了杜阁的边际报酬递减思想，西尼尔提出加入农业生产水平不变的前提条件，并将其作为先验的公理，但是西尼尔认为制造业的报酬递增。李嘉图则将边际报酬递减规律由农业领域推向社会各个行业，认为在满足一定条件下，该规律广泛适用于社会生产活动。马歇尔将边际概念正式引入报酬递减规律，即成为现今人们所熟识的边际报酬递减规律。

边际报酬递减规律是指保持其他生产要素不变，增加一种可变要素，直至各生产要素达到最适度的配合后，继续增加这种可变要素会带来递减报酬。简言之，对一种可变生产要素的生产函数来说，边际产量表现出先上升而最终下降的特征。上述概念包含如下前提：生产技术水平保持不变；除考察的可变要素外，其他生产要素固定不变；所有增加的生产要素具有同样的效率。在满足上述前提下，边际报酬递减规律是一个一般性规律，适用于大多数生产情况。

2.2.3 应计项目与投入资本

资产负债观下，某一期间应计项目等于当期非现金经营资产、经营负债变动额的代数和。这一计算式所表示的内容，与该会计期间公司净经营资产变动数一致。净经营资产变动包括存货变动、固定资产变动、负向的应付账款变动等，全面地反映了公司投资增长的信息，由此，可以将资产负债观下的经营性应计项目作为公司投资增长的表征变量。经济学中的资本指投入到未来的产成品，相当于会计学中“资产”的增量。表征投资增长的经营性应计项目可以近似表达边际报酬递减规律中

“投入资本”的含义，则应计错误定价的应计与股价关系的问题即转化为投资增长（经营性应计项目）与报酬（股价）关系的问题，由此演绎出第4章中应计错误定价的投资增长观理论解释。

2.3 金融学基础

2.3.1 资产定价与有效市场假说

1）*有效市场假说*

理性预期理论在金融学中的应用，产生了有效市场假说。作为现代金融理论的基石之一，有效市场假说（EMH）主要是对股票价格与资本市场信息之间关系的阐述，由尤金·法玛1970年提出。有效市场假说认为股价“充分反映”资本市场上一切可获得的对决策有用的信息，在假定投资者为“理性行为人”的前提下，投资者不会因为信息优势而在自由竞争的市场上获得超常回报。

根据公共可获取信息的性质，有效市场假说将市场的有效性分为3个层次：

（1）市场弱式有效。该层次市场有效性指证券价格（security price）能够反映出该证券的所有历史信息，投资者根据历史信息进行预测，不能得出未来价格的走势，也不能因此获得超常回报。

（2）市场半强式有效。在此类市场中，证券价格能够充分反映出包括历史信息在内的所有公共可获得的有关该证券的决策信息，如对外公布的财务报告信息。此类市场中充斥着足够多的理性投资者，当单个投资者获得某一相关信息时，即会做出反应，众多理性投资者的相同反应，推动了证券价格的应时调整，调整后价格即反映出该信息。

（3）市场强式有效。该层次市场有效性最强，指证券价格能够反映出包括历史信息、公开信息和内部未公开信息等有关该证券的所有信息。此类有效市场是有效市场假说的理想状态。现实中信息不对称、暗箱操作等人为因素的干扰，往往导致有违市场有效性的异常现象。

2）会计信息与有效市场假说

瓦茨和齐默尔曼（2000）指出有效市场假说与传统会计学的碰撞，促进了实证会计理论和方法的广泛应用。有效市场假说的论述内容，引发了关于会计信息与股价关系的资本市场研究。根据半强式有效市场假说，投资者根据对外公布的财务报告信息不能获知对投资决策有用的信息，这与会计的决策有用目标相矛盾。斯科特（2007）将此问题称之为“逻辑的不一致”，并认为有效市场的“充分反映”是非理性投资者与职业分析师解读信息能力的一种“平衡”状态。以 Ball 和 Brown（1968）研究为起点的大量经验研究表明，会计信息具有信息含量且对投资者做出投资决策有用。在此基础上，Sloan（1996）发现，市场未能完全反映应计盈余的信息含量，利用公司应计信息可获得超额回报，再一次对有效市场假说提出质疑。

以市场为主体，有效市场假说又分为外部有效性和内部有效性。定价是市场的众多投资者利用可获知信息，并立即做出相应反应，最终形成资产的市场价格，是市场外部参与者与市场共同作用的结果。因而，市场的外部有效性即指对资产的理性定价，它的一个推论是过去的会计信息应与未来收益不相关。

理论上，在半强式有效资本市场中，信息透明，各类信息使用者所获信息相同，可对未来股价做出类似的预测。此背景下，客观的过去会计信息与未来股票回报无关，而未来股票回报仅与企业自身生产经营能力、宏观政策等经济环境相关。纷繁复杂的现实世界中，内部人交易、大股东行为等现象昭示着，各类信息使用者所获得信息不同，而占有信息优势的企业经营者又可能由于道德风险、逆向选择而影响公司财务人员对外公布的会计信息。客观、主观的会计信息混杂在一起，信息掌握有限的人们依此做出判断进而影响股价，在这种情况下，很难保证其决策的准确性。若被错误的信号误导，如功能锁定盈余，则会计信息应很难与未来收益不相关，某种由于会计信息所导致的错误定价可能就在这种情形下产生了。

2.3.2 资产定价与股价同步性

1）股价同步性的含义

股价同步性最早出现在财务学领域，主要用来分析资本资产定价模型（CAPM）中市场收益指标对个体公司收益指标的解释程度。这一概念最初是由Morck、Yeung和Yu（2000）将Roll（1988）研究的R^2加以概念化而提出的。Roll（1988）将个体回报率与共同经济因素进行回归后得到的R^2作为衡量公司特质信息水平的指标，R^2越高表明该公司特质信息水平越低。约翰·A.克里斯滕森和乔尔·S.德姆斯基（2006）借鉴Roll（1988）的研究方法，将个体公司股票的市场收益率与总体证券市场的市场指数收益率进行回归得到的R^2作为解释和衡量股价同步性的指标：R^2越高，说明市场的系统性因素对个体公司收益的解释力越强，此时个体公司股价变动与整体市场价格变动之间具有更高的关联性；R^2越低，说明市场的系统性因素对个体公司收益的解释力越弱，则个股股价变动与整体市场价格变动之间具有更低的关联性。

2）资产定价与股价同步性

股价同步性一般采用资本资产定价模型的R^2进行测量，这使得其与资产定价有着天然的联系。基于不同的检验目的，对资本资产定价模型进行两次回归计算出股票的期望收益率。"一次回归"是对时间序列数据进行分析，以估计股票的系统性风险水平贝塔系数。资本资产定价模型理论证明了市场中的任何一只股票的期望收益率都与市场风险回报率存在着正向的线性关系（游家兴，2017）。那么，"一次回归"的回归拟合系数R^2越大，说明资本资产定价模型的解释力越强。"二次回归"是将"一次回归"估计的贝塔系数和具体的股票收益率分别作为自变量和因变量进行回归，检验股票收益率是否随贝塔系数增大而上升。

随着资本资产定价模型的推导演绎，模型对现实股价变动的解释比例不超过40%。Roll（1988）认为风险套利者通过套利行为，将公司层面的信息传递到股价中，导致资本资产定价模型的解释力下降。Roll（1988）对"二次回归"的基本资本资产定价模型进行回归，由此得到的回归拟合优度R^2为个股收益率反映的公共信息含量，$1-R^2$为个股收益率反映的公司特质信息含量。由此说明R^2越低，反映的公共信息含量越低，涵盖的公司特质信息越高。这一结论得到Morck、Yeung和Yu（2000）的验证。Morck、Yeung和Yu（2000）发现股价同步性与产权保护、制度建设等存在相关性。从微观层面看，许多学者认为股价同步性与公司信息披露水平、公司特质信息传递效率等存在相关性。

由上可知，宏观因素和微观因素与股价“同涨同跌”存在相关性，影响了个股股价的运动路径，从而影响市场对个股的定价。Roll（1988）认为股价是市场对股票全部信息的定价，市场上股价“同涨同跌”现象明显，说明股价中的公司特质信息含量普遍低。由此，当存在较高股价同步性时，市场对公司的特质信息定价不完全，导致错误定价。

2.4 本章小结

与现金流量相比，应计的配比性和及时性减弱了现金流量对会计盈余的“噪声”，更好地反映了公司各期间的经营业绩，实现反映管理层受托责任的会计目标。同时，应计制理论决定了会计应计的易操纵性和不稳定性，即应计盈余的持续性较低，由此演绎出应计项目与投资增长的对应关系，以及投资增长观的应计错误定价。投资增长观是以边际报酬递减规律为前提假设提出的。会计盈余是会计体系中的一个重要核心变量，有关其计量分为收入费用观和资产负债观。前者以利润表为主，倾向于采用现金流量表法计算应计，侧重会计学视角；后者以资产负债表为主，倾向于采用资产负债表法计算应计，侧重经济学视角。收益的两种计量观，分别演绎出应计的两种计算方法，并由此分别支持了应计错误定价的持续观和投资增长观的理论解释。

财务数据中的应计项目与经济学中的投入成本存在对应关系，演绎出经济学中对边际报酬递减规律与应计错误定价关系的进一步探究。宏观古典经济学的理性预期假说认为，人们基于理性会尽可能收集到全部信息并高效运用，得到的预期与模型估计值一致。理性预期假说在金融学中的应用，产生了有效市场假说。

有效市场假说对资本市场会计研究有重要意义，本书即是在半强式有效市场假说基础上提出假设，通过对我国会计应计与股价关系的检验，而展开研究的。公司层面的应计项目是公司的重要财务信息，当存在较高股价同步性时，市场对应计项目的定价产生影响，由此展开应计错误定价与股价同步性的研究。

3 文献综述

应计错误定价研究开展二十多年，已取得较丰硕的研究成果。已有研究领域主要涉及应计错误定价与盈余持续性，应计组成部分与超额回报关系，职业“第三方”行为与应计错误定价关系，企业层面和经济因素层面下应计错误定价与投资增长，应计错误定价与股价同步性，以及分别考虑代理成本、套利成本等因素的应计错误定价问题等方面。Sloan（1996）首次发现应计错误定价，同时提出了投资者功能锁定盈余的理论解释，即持续观。存在性研究与职业“第三方”行为研究主要基于这一理论前提展开。基于不同视角，学者们又先后提出了投资增长观、代理成本观和套利限制观等理论解释。不难看出，应计错误定价研究的关键在于对其产生理论的理解，不同的理论假说定义了不同属性的应计错误定价。支持错误定价观的学者认为应计错误定价是一种资本市场异象，大部分应计错误定价文献属于此类研究，支持非误定价观的学者则认为应计错误定价只是风险溢价的结果，非一种异象。按照所依据理论解释及其重要程度的不同，本书将应计错误定价文献建立如图3-1所示的框架进行系统评述，分为应计错误定价与持续性、应计错误定价与投资增长、其他理论解释、应计错误定价与股价同步性四类文献。

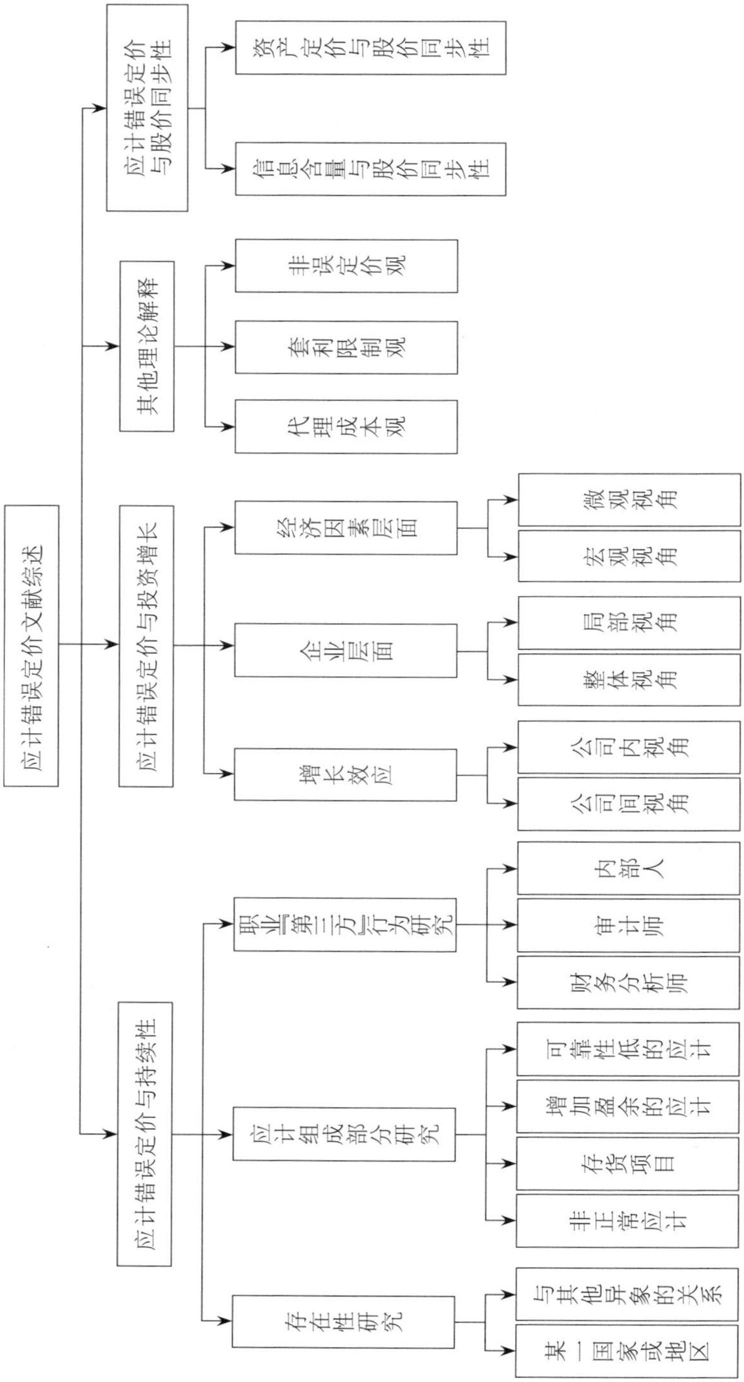

图3-1 应计错误定价文献综述框架

3.1 应计错误定价与盈余持续性

作为应计错误定价的一种理论解释，应计错误定价与盈余持续性检验是从会计学视角出发，将应计看作与现金流量相对的会计盈余组成部分提出的。从应计制理论看，显然，应计较之现金流量更具有主观性，且其自身特点决定其在未来会计期间发生反转。Sloan（1996）提出并证实应计的持续性低于现金流量，并以此为前提，建立了与功能锁定假说相一致的幼稚期望模型以解释应计错误定价产生的理论原因，故被称为幼稚投资者假说或功能锁定观，因其是针对应计与现金流量的持续性关系提出的，又被称为持续观。该种观点认为应计错误定价是市场未能完全反映应计信息的一种异象，并据此提出一个行为解释。具体而言，从股价表现看，幼稚投资者似乎功能锁定会计盈余，而没有考虑应计易于反转的性质，未能区分当期盈余的应计和现金流量组成部分对未来盈余的不同含义，从而高（低）估应计相对高（低）的公司的股票。当市场意识到未来盈余低（高）于预期盈余时，错误定价得到更正，导致负（正）的超额股票收益，产生了应计错误定价。另一方面，投资者功能锁定盈余，则说明嵌入预期盈余信息的股价没有完全反映投资者可利用的信息，从而对市场的有效性提出质疑。

Sloan（1996）的严谨验证体系及所提出的幼稚投资者假说成为后继应计错误定价存在性研究的主要套路。由应计会计学定义可知，会计应计有多种分类方式，每种分类方式下应计都可以表示为多种组成部分的代数和形式。如按资产负债表项目分类，会计应计具体包含存货、应收账款、折旧摊销费用等多种组成部分。那么应计的较低持续性是否源自应计组成部分的低持续，某一组成部分的低持续又是否为应计错误定价产生的原因？围绕这一系列问题，学者们进一步将应计分为多个组成部分进行错误定价检验。持续观是建立在投资者未能理解应计与现金流量特性而做出非理性判断的基础上提出的，那么投资者的判断受何种因素影响，这些影响因素是否传达出关于应计的理性信息？一些学者对传递信息的中介，如财务分析师、审计师、内部人等职业“第三方”通过出具报告等方式传达的信息进行研究，以检验其是否影响投资者决策从而导致应计错误定价。据此，本书将持续观应计错误定价文献分为三类，即存在性研究、应计组成部分研究和职业“第三方”行为研究。

3.1.1 存在性研究

Sloan（1996）以1962—1991年公司年样本数据为研究对象，对经营性应计项目进行检验，首次发现美国资本市场存在应计错误定价。那么，这是仅发生在Sloan（1996）所设定条件下的特殊现象，还是一种普遍现象？是美国资本市场所特有的现象，还是可能存在于世界其他国家或地区的资本市场？是一种新的异象，还是前人所发现会计异象的一种表现形式？存在性研究的核心问题即是检验应计错误定价是否具有一定的普适性，是否为一种独立的会计异象。由此，存在性研究又可分为两类研究，跨地域检验某一国家或地区应计错误定价的存在性研究和横向检验应计错误定价是否为独立于其他会计异象的存在性研究。

1）某一国家或地区的存在性研究

继美国发现应计错误定价后，德国、韩国、瑞典、日本、英国等国的学者发现本国存在此类现象。也有学者对应计错误定价的国际存在性进行研究，发现在许多发达国家或地区存在应计错误定价。作为发展中国家应计错误定价的一个经验证据，我国学者也对此进行了研究，但对于我国应计错误定价的存在性及其程度仍存在争议。我国应计错误定价文献主要集中于存在性研究，本书将此部分文献回顾分为国外存在性研究和国内存在性研究两部分评述，其他部分文献回顾不再作此分类。

（1）国外存在性研究

Sloan（1996）运用拓展的Freeman、Ohlson和Penman（1982）的盈余一阶自回归模型，分别采用混合数据回归、剔除行业和异常值影响的行业回归、检查稳健性的十分位数等级回归三种回归方式，对应计项目、现金流量和未来盈余的关系进行检验，发现应计项目比重大的公司，未来盈余会系统性地降低，验证了在预测下一年盈余时应计盈余持续性低于现金盈余持续性的假设。在市场半强式有效的前提下，市场定价应反映出应计和现金流量持续性的不同对未来盈余乃至股价的影响。

为检验这一推论，Sloan引入了宏观经济学中检验理性预期假设的Mishkin（1983）模型，结果发现市场对盈余的应计组成部分的估价系数高于预测回归所得出的持续性系数，说明市场高估了应计比重高的公司价格，低估了应计比重低的公司价格。Sloan买入前述十个组合中应计项目绝对数量最大组，同时卖出应计项目绝对数量最小组，持有一年，结果获得10.4%的超额收益，验证了Mishkin（1983）的结论，说明市场定价未能反映应计与现金流量的不同性质，市场对于应计项目存在错误定价。与Sloan（1996）对短期经营性应计项目的公司年数据的检验不同，Collins和Hribar（2000）对现金流量表法计算的应计盈余的季度数据进行检验，验证了Sloan（1996）的结论，说明美国应计错误定价现象的稳健性。

此后一段时期，一些发达国家学者对本国的公司数据进行检验，相继发现本国市场存在不同特点的应计错误定价。Adamek和Kaserer（2005）对德国1995—2002年的826家公司年样本进行检验，发现德国投资者也没能正确估计应计项目和经营性现金流量的不同价值。不同的是，Adamek和Kaserer（2005）发现德国的应计错误定价在采用IAS/IFRS之前并不存在。出现这一结果，他们认为IAS/IFRS这样的真实、公允观会计，需要较高的职业判断来确认信息，也许并不适合公司治理体制弱的经济环境。采用IAS/IFRS后，德国企业可能增加了盈余管理行为。另一方面，也可能是德国投资者和分析师未能完全理解IAS/IFRS所提供的会计信息所致。未考虑应计项目计量方法不同带来的影响，Kho和Kim（2007）证实韩国股票市场1987—2005年存在应计错误定价。进一步检验应计错误定价是否为一个风险因子，Kho和Kim（2007）采用Fama和French（1993）、Daniel和Titman（1997）的标准方法，构建一个低应计减高应计的应计项目模拟因子投资组合，并分别进行了时间序列回归检验和横截面检验，发现在韩国应计错误定价更可能源自个别公司应计项目的错误定价而非一种潜在风险。Gabrielsson和Giaever（2007）沿用Sloan（1996）的方法对瑞典1996—2007年上市公司数据进行研究，发现盈余的应计组成部分持续性显著低于现金流量，投资者未能完全识别这一信息，为获得超额收益创造条件。但是，数据显示利用应计构造的套利组合所获得的超额收益并不稳定，因此，他们得出结论瑞典在一些年份存在应计错误定价。Suda、Kubota和Takehara（2005）对东京证券交易所1980—2003年上市公司的16 809个数据进行检验，发现市场高估了投资组合策略形成当期的非正常应计信息，说明东京证券交易所股票市场存在非正常应计错误定价。Muramiya、Otogawa和Takada（2007）对日本2001—2006年非金融公司数据进行检验，也证明了非正常应计错误定价的存在。Soares和Stark（2009）对英国1989—2004年的可执行的应计基础投资组合策略的盈利能力进行检验，发现与美国极端应计公司的年平均超额收益都显著区别于零不同，英国较高应计公司的年平均超额收益显著区别于零，但是低应计等级公司并非如此。在没有考虑交易成本和价格干扰成本的情况下，研究结果支持应计错误定价存在。

除对单个国家公司数据进行应计错误定价存在性研究外，一些学者还对全球范围内的公司数据进行应计错误定价的存在性研究。Pincus、Rajgopal和Venkatachalam（2007）对全球优势数据库（global vantage）1994—2003年的20个发达国家的公司层次数据和国家层次数据进行检验，发现仅澳大利亚、加拿大、英国和美国市场存在应计项目的错误定价。而令人惊讶的是，这些存在应计错误定价国家的资本市场是被认为最有效的。他们认为应计错误定价的出现是由于公司利用应计项目进行盈余管理，而澳、加、英、美比其他国家更关注盈余信息，为应计错误定价出现创造了条件。他们发现资本市场代理商没有完全看透经济基本面，这也许是应计错误定价的一个行为原因。与Pincus、Rajgopal和Venkatachalam（2007）认为应计错误定价是全球现象的一种地域性展现的观点不同，Lafond（2005）发现应计错误定价是一种全球现象。他利用Data stream数据库1989—2003年17个发达国家或地区的公司数据①，采用具体国家具体分析的方式，研究各国应计对收益的影响，发现澳大利亚、比利时、加拿大、法国、德国、中国香港、意大利、日本、荷兰、新加坡、西班牙、瑞典、瑞士、英国和美国等15个国家或

① 具体包括澳大利亚、比利时、加拿大、丹麦、法国、德国、中国香港、意大利、日本、荷兰、挪威、新加坡、西班牙、瑞典、瑞士、英国和美国等17个国家或地区。

地区存在不同程度的应计错误定价，其中在盎格鲁-撒克逊（Anglon-Saxon）国家采用应计策略获得的超额收益是欧洲大陆法系国家和日本的两倍。但是，进一步结果显示没有一个统一的主要因素解释国际应计错误定价。各国经营自主权、分析师跟随和所有者结构等的不同，使得各市场应计错误定价的影响因素不同。另外，Lafond（2005）指出世界范围内应计错误定价的存在，不是由于具体应计计量方法不同，而是由于应计会计普遍利用。

（2）国内存在性研究

作为发展中国家，我国的应计错误定价表现特点与前述的发达国家或地区有所不同。刘云中（2003）沿用Sloan（1996）的方法，利用1998—2000年中国上市公司数据进行检验，发现现金流量的持续性大于应计项目的持续性，市场未能有效地区分这种差异，似乎高估了应计盈余的持续性，而低估了现金盈余的持续性。但是，采用应计基础的投资策略只能获得3.2%左右的超额收益率。王庆文（2005）以1998年12月前上市的A股市场公司数据为样本，发现当期会计盈余高、经营性现金流量低的公司，下期会计盈余会降低，反之亦然。同时发现，投资者高估会计盈余高、经营性现金流量低的股票，低估会计盈余低、经营性现金流量高的股票。基于应计项目的投资策略，可在形成后的次年和第二年分别获得9.74%、7.02%的超额收益，并且，经Fama-French三因子和四因子模型检验后，超额收益仍然显著存在。李远鹏和牛建军（2007）对1998—2002年中国A股上市公司数据进行检验，结果表明中国市场并不存在对会计应计的过度反应。他们发现利用应计套利策略时，极端组存在较大比例的亏损公司。亏损公司为避免退市，往往在亏损当年“洗大澡”来为未来的扭亏提供足够的储备，从而大幅降低当期的应计项目。他们认为，买入较多的亏损公司影响了套利结果。因此，剔除亏损样本进行应计套利策略检验，发现所获超额收益从3.2%提高到了7.4%。

鉴于已有文献得出的我国应计错误定价程度在样本期间不高的结论，一些学者对我国的应计错误定价进行了分年检验。樊行健、刘浩和郭文博（2009）对1998—2005年中国上市公司数据进行检验，发现中国市场上存在较为明显的应计错误定价，且这一现象在1999年、2000年、2001年、2002年和2005年更为突出。李志文和宋云玲（2009）采用Fama和French（1993）的方法对1998—2005年中国A股公司数据进行年度检验，认为中国A股市场存在相对的应计错误定价。具体而言，当存在高估时，应计项目的高估程度大于现金流量；当存在低估时，现金流量的低估程度更大一些。可见，应计项目和现金流量的错误定价完全以盈余为导向，盈余“功能锁定”现象特别明显。应计错误定价分年检验的好处是，可以排除各年因经济、制度环境变化而造成对结果的影响。但是，对一年的样本数据检验与对若干年（3年以上）的总样本数据进行检验，所得的结论是否具有同样的信度仍有待研究。

一些以中国数据为样本的应计错误定价存在性研究的文献，发表在国外期刊、学术会议上。Navissi、Mirza和Yao（2006）对Datastream数据库中的1989—2003年中国A股公司进行研究，发现中国市场的盈余持续性较高，其主要归因于现金盈余持续性而非应计盈余持续性。但是，中国投资者未能预测出盈余持续性中的信息，并且，低估了现金流量盈余和应计盈余。

综上，关于应计错误定价在一些发达国家或地区的普遍存在性得到了强有力的证明，学者们对此达成一定共识。而从已有文献看，我国应计错误定价的存在性研究结果差异较大，学者们对于其存在形式及程度仍存在分歧。究其原因主要有以下三方面：一是检验某一会计期间应计错误定价所需数据期间较长，如检验某一年的应计错误定价除需要t年的财务数据外，还需要t-1年末财务数据及t+1年5月第一个交易日至t+2年4月最后一个交易日的月股票收益率数据，这意味着实际可用数据期间要大于所研究样本期间近3年的时间，才能对应计错误定价进行有效检验。二是我国可供研究的资本市场数据期间较短。上海证券交易所和深圳证券交易所分别成立于1990年11月26日和1991年7月3日，标志着我国证券市场的形成。由于成立初期上市公司较少且监管经验不足，导致了资本市场数据的不规范，我国1998年开始要求编制现金流量表，而现金流量信息有利于应计错误定价的研究，因而我国的应计错误定价研究样本期间一般起始于1998年，导致了我国此类研究样本期间较短、样本数据较少的情况。三是研究应计错误定价的存在性，需要对较长期间样本数据进行检验。由于前两个因素的限制，我国此类文献的样本期间一般为3年、4年或8年不等，使得研究样本期间跨度较大，进而反映的总体性质也不同，导致研究结果有差别。

2）与其他会计异象关系的研究

除应计错误定价外，目前研究较广泛的会计异象主要有盈余宣告后股价漂移异象、价值魅力异象和外部融资异象（Francis、Lafond和Olsson等，2003；Bradshaw、Richardson和Sloan，2006；Richardson、Tuna和Wysocki，2009）。在应计错误定价存在性研究的基础上，学者们进一步提出这样的疑问——应计错误定价是否真正存在抑或是其他会计异象的一种不同以往的表现形式？由此，产生了应计错误定价与其他会计异象关系的研究。

对应计错误定价与盈余宣告后股价漂移异象关系的研究。Collins和Hribar（2000）利用应计项目和“盈余惊奇”信息制定一个投资策略，发现经营者能利用应计项目削弱“盈余惊奇”，结果所获收益高于单独利用应计项目或“盈余惊奇”策略，说明应计错误定价和盈余宣告后股价漂移现象是两个不同的异象。

Beaver（2002）通过对资本市场会计文献的回顾，推测应计错误定价可能是价值魅力（value-glamour）异象的一种情形。Desai、Rajgopal和Venkatachalam（2004）研究了应计错误定价与价值魅力异象（Lakonishok，Shleifer和Vishny，1994）是否相关，发现两类异象的关联度取决于价值魅力效应表征变量的选择。会计应计在销售增长、账面市值比和盈余市价比等传统信息基础上有增量信息，应计错误定价产生的收益与价值魅力效应不同。但是当使用经营性现金流量价格比作为价值魅力效应的表征变量时，价值魅力效应似乎能解释会计应计产生的收益含义。Hardouvelis、Papanastasopoulos和Thomakos等（2009）则发现从组合层次的结果看，仅当账面市值比、自由现金流量收益率作为表征变量时，高（低）价值（增长）公司会放大低（高）应计（按应计项目、净经营资产计算）公司的正（负）超额收益。与Desai、Rajgopal和Venkatachalam（2004）结论类似，他们发现会计应计对未来收益的预测能力对账面市值比计算的价值魅力具有增量，但是，两者都包含在自由现金流量收益率计算的价值魅力的预测能力之中。因此，Hardouvelis、Papanastasopoulos和Thomakos等（2009）认为应计错误定价和价值魅力异象存在某种程度的相关性，并某种程度上展示了不同的资产定价规则，两个异象可能捕捉到反映股票收益的相同基本因素的不同方面，而这些不同方面又同时被自由现金流量收益率计算的价值魅力所捕捉。

由于会计应计即为企业净经营资产的增长，Cohen和Lys（2006）对应计错误定价与外部融资异象是否存在显著区别进行研究。结果发现，在对未来股票收益的年横截面检验中，当控制了总应计后，外部融资的系数不再显著，外部融资异象几乎消失。他们认为，会计应计增加了企业资产负债表中的净经营资产，代表了资产负债表中除融资负债的另一部分，而高应计意味着该企业净经营资产相对量大，相应地会有更多的外部融资。但是，如何能完全剔除应计错误定价影响，有力证明外部融资异象是一个不同的现象，仍需进一步研究。Li和Zhang（2009）发现外部融资异象和应计错误定价在财务限制较多公司的股票收益横截面回归中更为显著。

3.1.2 应计组成部分研究

持续观认为，会计应计持续性低于现金流量持续性是应计错误定价产生的根本原因。会计应计是多个项目代数和的结果，那么，会计应计的各组成部分持续性如何，对应计的持续性有何影响，与应计错误定价是否有关？一些研究者致力于将应计按不同分类方式进一步分解为具体组成部分，以研究各组成部分持续性对应计错误定价的影响。

Xie（2001）采用Jones（1991）模型，将总应计分解为正常应计和非正常应计（即不可操纵应计和可操纵应计），通过Mishkin检验发现市场高估非正常应计和正常应计的持续性，进而高估二者价格，但非正常应计高估得较多。通过套利策略检验，Xie（2001）发现，超常收益只在非正常应计的投资组合中获得。因而，Xie（2001）指出总应计的低持续性主要源于非正常应计的低持续性，而这是由经营者对会计随意处理所致，从而认为应计错误定价源于管理层操纵。

将应计按资产负债表项目划分，Bradshaw、Richardson和Sloan（2001）指出应计错误定价是由营运资本应计驱使的。Chan（1999）与Thomas和Zhang（2002）进一步认为应计错误定价主要来自存货的极端变动。Thomas和Zhang（2002）指出存货变动主导总应计的所有其他组成部分的变动，总应计与未来超额收益的负相关关系主要受存货变动的影响。他们进一步研究发现，原材料的变动比其他项目与异常收益具有更高的关联性。

Beneish和Vargus（2002）认为应计错误定价主要是由增加盈余的应计造成的，内部人行为的信息有助于盈余质量的预测，考虑了内部人行为信息的应计套利策略，能够获得18.1%的年超额收益率。Richardson、Sloan和Soliman等（2005）提出关于总应计的一个全面定义，并据此对其进行了更广泛的分类，包含了许多过去文献所忽略的应计项目。他们发现，可靠性较低的应计项目使得盈余持续性较低，导致了证券的错误定价。而被许多文献所忽略的应计项目，尤其具有低的可靠性。根据最低可靠性应计项目构造的套利组合可获得18%的年超额收益率。

3.1.3 职业“第三方”行为研究

职业“第三方”是指市场中除信息提供者和信息使用者外，运用专业知识、技能，处理、传递信息的“第三方”，具体如财务分析师、审计师、内部人等。持续观认为高应计公司的未来盈余往往出现反转，投资者没有预测到这一点导致应计错误定价。那么，作为传递信息的“第三方”，分析师、审计师、内部人等是否正确理解应计盈余的信息含义，是否在其所公布的对外信息中有所体现，其传递的信息是否影响投资者决策？

1）财务分析师

作为职业信息中介者，专攻解释财务数据的财务分析师被认为在指导投资者对公司未来前景的认识上起重要作用。他们通过与管理者接触，对具体公司的相关行业知识有相当的了解。因此，人们期望分析师正确涵盖盈余组成部分的信息，尤其是可操纵和不可操纵应计。Bradshaw，Richardson和Sloan（2001）首先对分析师和审计师是否向投资者提供高应计公司未来盈余出现问题的信息进行检验。他们发现分析师的盈余预测中未能预测盈余下降，其预测误差与高应计公司的负相关程度更高。这意味着分析师未能向投资者传递高应计可能导致盈余反转的信息。Barth和Hutton（2004）则发现分析师盈余预测修正反映了盈余的应计组成部分关于盈余持续性的增量信息。考虑分析师预测修正的投资策略与考虑应计信息的投资策略一样能够获得统计上显著的超额收益。在控制了当前应计后，分析师预测修正与未来应计项目变动和盈余的变动显著正相关。分析师预测修正能够完善应计策略，反之，应计项目也能够使预测修正策略更优。因此，应计项目信息与分析师预测修正相互关联，并不独立。从而说明，分析师预测修正提供了能够更准确定价应计项目的信息，但是投资者并没有将其包含在内。

Elgers、Lo和Pfeiffer（2003）进一步指出财务分析师对营运资本应计的盈余预测高估程度低于股价所反映的投资者高估程度的1/3。说明财务分析师盈余预测能够通过引导投资者降低由应计项目错误理解产生的盈余预期错误，减轻市场对会计应计的错误定价。此外，对于分析师覆盖度低的公司，不到40%的营运资本应计产生的滞后证券收益，归因于分析师年盈余预测的后继错误。而分析师和投资者对会计应计的错误估计集中于较少分析师跟随的公司。这说明盈余预期中会计应计相关的偏差至多是Sloan（1996）所指应计产生的滞后证券收益的部分解释。Elgers、Lo和Pfeiffer（2003）认为应计相关的错误定价的主要部分，反映投资者未能包含公共可利用的分析师盈余预测信息。针对Elgers、Lo和Pfeiffer（2003）采用传统盈余反应系数估计市场偏差容易遗漏变量，但研究局限于短期盈余预期忽略了长期盈余预期可能偏差的检验两个问题，Kang和Yoo（2007）采用了另一种方法比较市场权益价值估计偏差和分析师基于应计定价的盈余预测的权益价值估计的偏差。研究发现分析师盈余预测的偏差高于理解了应计项目的股价的偏差，而这两种偏差度的不同至少持续到预期后的一年。与Elgers、Lo和Pfeiffer（2003）相反，Kang和Yoo（2007）得出结论，分析师盈余预测没有减轻市场对应计项目的错误定价。

除美国外，其他国家学者也对财务分析师行为进行了研究。Suda、Kubota和Takehara（2005）对日本的可操纵应计和财务分析师盈余预测的关系进行研究，发现可操纵应计越大，分析师的下期预测越高。他们认为财务分析师未能包含应计信息的全部含义，即使高估或低估在下一年度的会计期间得到更正。Ahmed、Nai和Zhou（2005）对加拿大1988—2002年的样本数据进行检验，发现尽管可操纵应计持续性低于非可操纵应计，财务分析师没有区分可操纵和非可操纵应计。

综上，学者们对财务分析师是否正确理解会计应计持续性较低的信息含义尚存在争论，但是，无论其是否正确理解这一信息，财务分析师的盈余预测都未对投资者更好地理解应计信息起作用。

2）审计师

通过对独立审计师行为进行检验，Bradshaw、Richardson和Sloan（2001）发现尽管高应计公司被SEC要求强制执行的频率更高，但这些公司的审计师并没有因而出具保留意见的审计报告。进一步而言，没有证据表明审计师通过发表保留意见或是审计师变动频率增高，对与高应计相关的未来盈余问题给出信号。这意味着，审计师似乎也没有考虑高应计的含义。这可能是由于审计师缺乏理解高应计未来含义的必要成熟度，或是审计师将高应计下的高利润视为正面信号，此种情况下很少发表保留意见。另一种观点则认为，审计师的作用不是通过衡量应计来评估公司盈余质量，发表审计意见的，即便他们理解异常高应计的含义，他们也没有义务通过审计报告将该信息传递给投资人（Butler、Leone和Willenborg，2004）。

总之，审计师也没有改变投资者对高应计企业的未来收益问题的看法，进一步有力证明市场未能正确理解会计应计信息。

3）内部人

内部人即企业经营者，往往掌握了考虑公司应计性质和持续性等基础经济因素的信息，进而，他们的交易可能提供其所在公司盈余质量的事前信息。Beneish和Vargus（2002）对内部人交易是否传递出估计应计价值所需的信息进行检验，结果显示内部人交易与此类信息有关。高应计公司的内部人卖方比内部人买方获得的未来收益低，而且内部人能够区分使公司未来业绩提高和降低的高应计信号。异常的内部人出售交易，意味着公司增加盈余的应计项目一年后持续性较低，反之亦然。Core、Guay和Richardson等（2006）进一步发现，管理者重购股票和内部人交易行为与经营应计交易策略下的信息变化一致。低（高）应计公司回购越多（少）股份，低（高）应计公司管理者会在他们的个人账户买更多（少）的股份。Hodgson和Van Praag（2006）将公司董事作为内部人的表征变量，对澳大利亚上市公司的内部人交易进行检验，发现大公司的董事根据负应计信息进行的交易具有较大的预测信息含量。应计的持续性质量是内部人获得的不对称信息的一部分，内部人借此似乎在预测负应计的反转或牛市交易阶段有信息优势。市场参与者根据内部人交易可预测未来经济业绩。可见，内部人交易传递出极端应计的信息含义，但因并非专门以报告形式对外公布的信息，未能引起投资者的注意。

持续观借鉴了功能锁定和投资者不成熟的行为金融理论，开创性地解释了应计错误定价，并经过不同国家和地区的多次检验证实。但是，持续观仍有其局限性，即未能排除预期盈余下降与股价之间的关系由未确认的风险因子或是未知的研究设计缺陷所导致的可能性。Bradshaw、Richardson和Sloan（2001）证明卖方分析师和审计师也未能在其公布的报告中完全包含会计应计的含义，说明即使职业解释会计信息的投资中介者也没有改变投资者对应计信息的判断，验证了持续性，缩小了其局限性。

3.2 应计错误定价与投资增长

从已有文献看，对应计错误定价与投资增长的检验，即投资增长观（也可称投资增长假说），是应计错误定价众多假说中涉及领域最广的一类理论解释。其前期经验证据为增长效应，历史可以追溯到20世纪30年代Graham和Dodd提出的价值投资策略。以此为基石，投资增长观从经济学视角出发，将会计应计与企业净经营资产增长联系起来，认为应计错误定价源自其资本增长属性，即新投资的边际收益递减导致了经济利润率降低。此外，稳健性原则的运用使公司账面在投资早期显示的获利能力较低，而后期则显示获利能力较强，也增强了这一趋势。按照投资增长观的历史渊源和层面、视角的不同，本节将此类研究分为增长效应、企业层面和经济因素层面三方面来阐述。

3.2.1 增长效应——前期经验证据

20世纪30年代以来，公司增长与股票收益率的关系在金融学领域展开了广泛的研究。根据研究的视角不同，此类研究可分为公司间增长效应研究和公司内增长效应研究。

1）公司间视角

公司间增长效应研究主要指分别对成长股公司和价值股公司与未来股票回报关系进行的研究。股票的类别是从公司整体视角出发按照反映过去增长情况的某一指标或某几个指标进行划分的，因而将此类增长效应研究称为公司间视角。具体称为价值成长效应（value-growth effect）研究，也称为价值魅力异象（value-growth anomaly，Desai、Rajgopal和Venkatachalam，2004）。从研究内容的演进看，价值成长效应研究可分为三个阶段。第一阶段，单一变量研究。Graham和Dodd（1934）首次提出投资的价值策略，Basu（1977）等以不同的财务比率定义价值股，进行经验研究。该阶段，价值股的概念尚未统一，侧重于价值成长效应的存在性研究。第二阶段，多变量研究。该阶段，学者们将前阶段检验证实的各变量结合起来定义价值股，与之相对应的为成长股（也称为魅力股[①]），价值（成长）股概念趋于成熟。价值成长效应被称为价值溢价（value premium，Fama和French，1998）、价值效应（value effect），后又被称为价值异象（value anomaly）、价值魅力异象。第三阶段，理论解释研究。随着美国、日本、英国等越来越多的国家学者发现价值成长效应的存在，产生这一效应的原因成为亟须解决的问题，该阶段研究的侧重点转向各种理论解释。

① 由于成长股过去的增长水平相对较高，对幼稚投资者来说更具吸引力，Lakonishok、Shleifer和Vishny（1994）又称之为“魅力股”。

(1) 单一变量研究

Graham和Dodd（1934）提出了著名的价值投资策略，即选择价格低于内在价值的证券进行投资。其中，证券内在价值指“以一系列事实（如资产、盈余、股利、明确的前景）为验证标准的价值，不同于受人为操纵或过度心理干扰的市场报价”（Graham和Dodd，1934）。Graham和Dodd（1934）开篇第一章指出，证券内在价值不同于资产的账面价值，并非一个确定的概念。在大部分情况下，投资者只需判断证券内在价值是否显著高于或低于其市场价格即可。因而，价值策略注重盈余、股利、账面价值、现金流量等基本因素信息，选择基本因素质量高、相对被市场低估的证券进行投资。价值投资策略的提出引起了学术界的关注，许多学者检验并发现价值策略业绩超过市场平均回报，并将价值策略具体为选择市价相对低于盈余、股利、历史价格、资产账面价等其他价值的证券进行交易。

Basu（1977）检验美国1957—1971年数据发现，具有高盈余股价比（earnings-to-price，E/P，也称益本比，即市盈率倒数）的股票会赚取超额回报，并得到后来学者的证实[①]。Rosenberg、Reid和Lanstein（1985）发现股票回报与公司普通股的权益账面市值比（book-to-market，B/M）正相关。Wilson（1984）以年报公布前后9天为事件窗口，对股价变动进行检验，发现在控制当期盈余情况下，经营性现金流量与股票回报呈正相关关系。延长事件窗口，Bernard和Stober（1989）验证了Wilson（1984）的结论。Fama和French（1988）发现持有高股利收益率（dividend yield）股票，也可获得超额回报。

价值成长效应的前期文献，价值型股票和成长型股票的概念并不明确，一般只采用一类财务变量比率对其定义，并以此研究与股票回报的关系。而且各个研究所选用价值（成长）股的表征变量并不一致，那么何为价值（成长）股，如何定义更为科学，针对这一问题，学者们将前人所验证的多个基本因素变量结合起来，研究多变量的股票回报回归。

---

① 如Jaffe、Keim和Westerfieldz（1989），Chan、Hamao和Lakonishok（1991），Fama和French（1992）等。

（2）多变量研究

Chan、Hamao和Lakonishok（1991）分别采用似乎不相关回归模型、Fama和Macbeth（1973）模型对日本东京证券交易所1971—1988年上市公司进行检验，发现盈余收益率（earnings yield）[①]、规模、账面市值比、现金流量收益率与预期证券回报显著相关，其中，后两个变量对预期证券回报有显著正影响。Fama和French（1992）分别对账面市值比、盈余市价比等变量与股票回报进行单独回归，验证了前人结论。他们又做了股票回报的多变量回归，结果发现账面市值比、盈余市价比等变量可以解释股票回报的横截面差异。

Capaul、Rowley和Sharpe（1993）对10年样本数据进行检验，发现法国、德国、瑞士和英国等国家的股票回报普遍存在价值效应。Fama和French（1998）扩展了样本期间，对欧洲、远东地区等的12个主要国家和美国1975—1995年的数据进行检验发现，在全世界范围内，价值股往往比成长股具有更高的回报。以权益账面市值比划分价值股和成长股，发现被检验的13个国家中的12个国家的价值股业绩高于成长股。当以盈余市价比、现金流市价比和股利市价比定义价值（成长）股时，结果显示了相似的价值溢价。Fama和French（1998）同时发现新兴市场也存在价值效应。

该阶段，价值股由多个财务比率共同定义。一般认为，价值股具有股价相对低于盈余、股利、资产账面价等其他基本价值因素的性质。上述基本面因素的选取，则多由研究者的专业敏感度以及变量自身的受关注程度决定，而非由成熟的理论框架推演出来。那么，价值成长效应是真的存在，还是数据挖掘的结果呢？是某种理论使然，还是计量误差所致？价值成长效应的理论解释呼之欲出。

（3）理论解释研究

与应计项目的错误定价类似，价值成长效应也是资本市场中的一种异象。针对价值成长效应是否能为资本资产定价模型所解释，其理论解释可分为三类：理性解释、非理性解释和其他解释。

---

① 盈余收益率为每股收益与股价比，也可写作“E/P”。

理性解释主要为风险溢价解释，认为定义价值股的基本因素市价比率可以看作为剔除风险和期望回报的价格中的信息而对股票价格进行的不同方式规模化，属于基本的风险因子。Fama和French（1992）认为账面价值比是财务困境风险的表征变量。过去账面市值比高、销售增长低的公司通常处于财务困境中，这样的公司对经营环境的变化（如金融危机）更敏感。投资于此类公司，往往承受了某种更高的财务困境基础风险，所以，获得的超常回报只是补偿这种风险的结果。

非理性解释与以风险溢价为代表的理性解释相对，主要有公司特征解释和行为解释两种。公司特征解释认为价值成长效应与公司特征有关，公司特征才是股票回报的决定因素，而非基础风险。Daniel和Titman（1997）发现高账面市值比的公司往往具有相似的性质，如相关的业务流程、同一行业或者来自同一地域等。当控制上述公司特征（characteristics）后，预期回报没有与Fama和French（1993）的三个风险因子正向相关，从而对Fama和French（1993）的分析提出质疑。行为解释认为价值策略的执行有赖于市场中存在的幼稚投资者（De Bondt和Thaler，1985；Lakonishok、Shleifer和Vishny，1994）。相对于价值股来说，成长股盈余、现金流等的实际增长率远低于其过去的表现，或者这些财务比率说明市场对成长股的期望即如此。也就是说，市场参与者持续高估成长股相对于价值股的未来增长率。De Bondt和Thaler（1985）认为价值投资策略的成功之处在于，对两类股票采取不对称操作，即买入价值股，卖出成长股，从而获得高于市场平均水平的收益。Lakonishok、Shleifer和Vishny（1994）认为投资者对未来增长的预期过于依赖"过去增长"数据，而事实上未来增长率高度地均值反转，价值成长效应产生于投资者的非理性预期。具体而言，当所预测公司为成长型公司时，投资者对过去业绩好的信息过于乐观，对未来增长率期望往往偏高。反之，对价值型公司则过于悲观，对未来增长率期望往往偏低。当增长率在未来均值反转时，投资者对增长（价值）企业的业绩产生正向（反向）偏差。

其他解释可分为样本限制和选择偏差两种，旨在指出研究方法中可能存在的缺陷，没有直接说明价值成长效应是否有悖于有效市场假说的性质。样本限制解释认为，价值成长效应可能陷入数据挖掘中（Lo和MacKinlay，1990），仅是一种事后确认的数据。其后，许多学者在不同样本期间都发现不同国家和地区存在相似的价值溢价（Chan、Hamao和Lakonishok，1991；Capaul、Rowley和Sharpe，1993；Davis，1994；Fama和French，1998），对这一观点提出了质疑。Lakonishok、Shleifer和Vishny（1994）检验多种横截面回报，发现预期误差支持股票回报的横截面差异反映了真正的经济现象，而非样本误差。选择偏差解释认为建立价值股投资组合时存在选择性偏差问题，可能是价值溢价的另一原因（Kothari、Shanken和Sloan，1995）。但是，也有学者发现选择偏差并不大（Chan、Jegadeesh和Lakonishok，1995；Cohen和Polk，1995）。Davis（1994）剔除选择偏差建立账面市值比投资组合，得出结论与Fama和French（1992）未考虑选择偏差所得结论相似。

2）公司内视角

此类研究主要围绕公司内部的增长水平与股票回报的关系进行展开，往往集中于公司某一类资产或投资的增长，评估具体的增长对价值溢价的贡献。

Titman、Wei和Xie（2004）发现公司资本投资的大量增加与其未来超常回报负相关。当公司随意处置投资的程度较高时，这种负相关性更大。Hirshleifer、Hou和Teoh等（2004）发现净经营资产增长与长期股票回报强烈负相关。根据Berk、Green和Naik（1999）和Carlson、Fisher和Giammarino（2004）的理性投资基础理论，Anderson和Garcia-Feijoo（2006）根据前期投资增长将研究样本划分为不同的投资组合，发现近期投资支出多的公司未来平均股票回报较低。在资本投资增长、净经营资产增长等与未来股票回报负相关的基础上，Cooper、Gulen和Schill（2008）引入新的衡量公司增长的方法，研究其有助于投资者理解公司层次增长效应的能力，发现资产增长对企业未来超常回报有强预测力。他们发现资产增长率低的公司未来的年风险调整收益率平均为9.1%，而资产增长率高的公司为-10.4%，公司回报存在资产增长效应。

综上所述，研究结果表明公司整体增长和某些局部增长与其未来回报存在稳健的负相关关系。从会计应计的另一种表达方式——净经营资产增长角度看，增值效应文献为应计错误定价的投资增长观研究奠定了扎实的基础。

3.2.2 企业层面

1）整体视角

此类研究从企业整体投资的战略视角出发，按照投资人理性与否，分为非理性解释和理性解释。

（1）非理性解释

比照Sloan（1996）的研究思路，Fairfield、Whisenant和Yohn（2003a）将净经营资产增长也分为两部分——应计项目和长期净经营资产增长，将盈利能力定义为资产收益，进而，从企业整体角度，首次阐释并证明投资增长的非理性解释。

大部分研究应计项目和现金流量的不同持续性的文献，将因变量和自变量除以同期投资资本，或是采用获利能力的一种计算方法。Fairfield、Whisenant和Yohn（2003b）注意到下期获利能力不仅受分子收益的影响（收益效应），也受分母投资资本增长的影响（增长效应）。他们发现，较之现金流量，应计项目与投资资本具有更强的相关性。当控制了因变量分母的影响，即采用前期净资产作为除数时，应计项目与现金流量的持续性没有显著差别。说明应计项目的低持续性是由未来获利能力的增长效应导致的。进而，得出应计项目的错误定价是投资者未能推断出增长率或是未考虑新投资的边际收益递减效应、会计的稳健原则。

从经济学层面看，应计项目代表了企业净经营资产增长。按照期限的长短，Fairfield、Whisenant和Yohn（2003a）将净经营资产增长分为应计项目和长期净经营资产增长两部分，并将盈利能力定义为资产收益。研究发现在控制当期资产收益率后，净经营资产增长使得下期资产收益率下降，应计项目（短期净经营资产增长）和长期净经营资产增长与下期资产收益率等价负相关。他们认为，这是新投资的边际收益递减导致了经济利润率降低造成的。稳健性原则的运用使得投资早期公司账面显示的获利能力较低，而后期则显示获利能力较强，加剧了这一趋势。当控制当期资产收益率的估值含义后，投资者似乎高估了应计项目和净经营资产增长对下期资产收益的估值含义，并发现市场对增长的两个组成部分的错误估价统计上没有显著差别。说明，市场明显错误定价应计项目，与投资者未能正确评估净经营资产增长对未来获利能力的含义（无论是增长的短期还是长期部分）有关。

（2）理性解释

此类解释根据托宾Q理论（Tobin，1969）建立理性的最优投资假说。与一般投资增长的非理性解释不同，Wu、Zhang和Zhang（2009）运用托宾Q理论，建立了理性的最优投资假说，探究将应计项目作为营运资本投资的应计错误定价解释。托宾Q理论假设：公司根据折现率变动优化投资（应计项目）。当折现率下降时，更多投资项目变得获利更多，增加了应计项目，平均未来收益下降，因为折现率越低，其后的期望收益越低。当折现率提高时，较少的投资项目可获利，降低了应计项目，平均未来收益增加，因为更高的折现率意味着期望收益更高。结果显示，应计项目负向地预测未来收益。Wu、Zhang和Zhang（2009）分别从因子回归、折现率估计、会计可靠性和预期能力等四个不同角度，检验这一最优投资解释。结果表明：标准因子回归中增加一个投资因子，大大地将应计错误定价降低至不显著水平；低可靠性的应计项目与剩余收益模型、股利贴现模型估计出的贴现率负向共变；低可靠性应计项目与资本投资的共变性比高可靠性应计项目更高；应计交易策略的预期收益具有时间共变性，预示着近年应计效应的破坏是暂时的，在不久的将来会均值回归。

2）局部视角

从企业局部角度看，营运资本投资与其他商业活动增长变化一致。比如，雇用员工、发行新债和股票、投资固定资产以支持企业增长，即各种具体增长共同推动企业整体增长。如果平均投资最优，营运资本投资与公司投资活动（如应计销售等）结果正向相关。

将投资增长从应计持续性中分解出来解释应计错误定价，Zhang（2007）分别检验基本投资和应计持续性对应计错误定价横截面变量的影响。Zhang（2007）发现基于公司商业模型的可预测方式，不同行业的应计错误定价不同。应计项目与员工人数增长、外部融资和现金销售增长等其他增长强烈共变，说明应计项目至少捕捉部分基本投资信息而不仅是盈余持续性/质量。应计项目比同期销售增长更好地包含了基本投资信息。同时发现，应计项目与员工增长共变的行业（公司），具有强的应计错误定价。在应计项目与员工增长几乎无关系的公司，则具有非常弱的应计错误定价。相反，应计持续性对应计错误定价的横截面差异没有解释力。Zhang（2007）发现应计错误定价的程度随应计项目相对现金流量的持续性的提高而增加，也与持续观相矛盾。

从盈余角度看，应计项目增长与一年后盈余增长负相关的横截面证据不具决定性。当应计项目与员工增长共变时，长期盈余增长随应计项目增长得更显著，支持了投资观而非持续观。因此，Zhang（2007）认为包含于应计项目的基本投资信息对应计错误定价具有一阶效应。而应计计量的主观性或是盈余管理，这些由会计体系引起的与应计项目相关的任何有意或非有意计量问题，很可能具有二阶效应。林翔和陈汉文（2005）分离增长和盈余管理对应计项目持续性的影响，也发现应计盈余持续性低于现金盈余，并且，增长的均值回归过程对应计项目低持续性的解释能力强于盈余管理。

3.2.3 经济因素层面

宏观经济的运行、微观企业的运营等经济因素，会随着不断发展而经历上升和下降的阶段，具有周期性。此类研究，从企业之外的经济因素层面，分别对宏观经济、微观企业的周期特点与应计错误定价之间关系进行解释。

1）宏观视角

将宏观经济状况分为扩张期和收缩期，Martin（2007a）建立了净经营资产增长观与反周期边际获利能力的联系，检验不同阶段应计项目不同持续性的跨期变量。从宏观经济学看，新投资导致产品和销售的增加，则边际获利能力包含了新投资收益的信息。边际获利能力的反周期变量说明新投资的边际递减收益在扩张期比收缩期更明显。考虑到边际收益递减降低应计项目持续性，则递减收益的跨期变量预计扩张期应计项目持续性比收缩期低，扩张期应计项目的错误定价比收缩期显著。

Martin（2007b）进一步研究发现应计项目和长期净经营资产增长的持续性不同。周期递减收益（边际获利能力）与劳动成本、销售的经济规律相关，表明应计项目持续性和长期净经营资产增长持续性随经济条件的变化而呈相反方向变化。由于应计项目和长期净经营资产的增长性质不同（如短期投资通过劳动成本影响未来获利，而长期投资通过折旧、摊销影响未来获利），导致在预期未来资产收益率时两者的跨期持续性不同。Martin（2007b）发现企业扩张期应计项目的持续性比收缩期时低，而长期净经营资产增长的持续性则相反，说明应计项目具有反周期持续性，而长期净经营资产增长具有顺周期持续性。同时发现，成熟期时应计项目的错误定价比长期净经营资产增长的错误定价更明显。

2）微观视角

将企业生命周期划分为初始期、成长期、成熟期和衰退期四个阶段，Yehuda和Hribar（2008）剔除了初始期样本，对其他三个阶段进行研究。他们认为增长观和持续观共同解释了应计项目的错误定价，两者对价格的影响因公司所处的生命周期不同而不同。生命周期的不同阶段，应计项目和现金流量传递给投资者的信息不同。比如，在各个阶段，盈余都导致现金流量产生，但是，在成长期两者的区别最大。现金流量的内在及时性和配比问题，使得在成长期计量经营业绩时具有更大噪声。而应计项目在这一阶段与盈余的相关性更高。因此，成长期应计项目反映了扩张经营、支持未来增长的营运资本的增加。在成熟期，应计项目仍然纠正了内在配比和及时性问题，但是并不显著，因为公司处于一个更稳定状态，如现金流量的及时性问题不再严重。相反，现金流量显得更为普遍和稳定，较大程度地反映了公司的经营业绩。

Yehuda和Hribar（2008）发现应计项目的正交信息[①]与增长性质更相关，而现金流量的正交信息与盈余持续性相关。此外，在成长阶段，应计项目的信息错误定价的程度大于现金流量。总之，Yehuda和Hribar

① 应计项目的正交信息指控制现金流量信息后，仅含有应计项目的信息。现金流量的正交信息，则相反。

（2008）的研究结果表明，成长阶段投资观更好地解释应计项目的错误定价，运用应计项目更好地衡量了错误定价。反之，应计项目错误定价的持续性解释在成熟和衰退阶段更有效，经营性现金流量包含的信息包含了应计项目包含的信息。

3.3 应计错误定价与其他理论解释

研究代理成本观、套利限制观和非误定价观的文献较少，为清晰反映应计错误定价文献的脉络，本书将此三种理论解释列为“其他理论解释”进行评述。

3.3.1 代理成本观

Jensen（2005）认为被市场高估的公司的经营者是通过向上操纵应计项目扩大本公司高估程度的。因此，高应计公司组合更易代表被过分高估的公司。当然，高估不具有无限期持续性，高应计公司预期会出现价格反转。但是，低应计公司往往没有低报应计项目以向下操纵利润的激励，而更可能试图向上操纵盈余以纠正错误定价。由此，低估公司并不集中于低应计等级组合，很可能分散于各种应计等级组合。这样，低应计等级组合的未来股价预期正常。

Kothari、Loutskina和Nikolaev（2006）提出高估权益的代理理论可以更好地解释应计错误定价。与高估权益的代理理论预期一致，他们发现不同应计等级投资组合中的应计项目与前、后期盈余的关系并不对称。此外，Kothari、Loutskina和Nikolaev（2006）发现高应计公司投、融资决策和内部人交易活动被歪曲，并且分析师预测乐观性也集中于高应计等级投资组合。而上述发现，持续观未能解释。同时，两种理论都认为投资者错误理解公司的基本面，导致了错误定价。

3.3.2 套利限制观

Mashruwala、Rajgopal和Shevlin（2006）发现极端应计公司的特质风险是一般公司的两倍，而极端应计公司缺少相似风险程度的替代品，限制了厌恶风险的套利者对极端应计公司股票的交易。此外，基于低股价、低交易量公司的应计项目的交易策略获利较高，交易成本也较高，说明交易成本提高了利用应计项目错误定价获利的门槛。他们认为缺少近似替代品、套利成本高，使得利用应计策略套利不易实现，阻止了套利者消除应计项目的错误定价。Lev和Nissim（2006）指出极端应计公司一般规模小、账面市值比低，基本因素的相对持久性限制了机构投资者和个人投资者对套利策略的广泛使用，应计错误定价仍将持续一段时间。

Song和Ji（2009）对国泰安数据库1998—2006年中国A股公司数据进行检验，发现应计错误定价产生的超额回报与A股市场收益正相关。他们认为，中国A股市场具有较强的政策导向，比美国市场更易变动，因此，套利风险更高。此外，较高的套利成本和单向交易体系也阻止了中国A股市场投资者利用应计信息套利。

3.3.3 非误定价观

针对有效市场假说，学界提出"异象"的概念。Fama（1991）指出，基本因素变量与证券回报的关系或支持了市场的无效性，或是说明，该变量为遗漏风险因子的表征变量。因此，一般来说，"异象"产生的理论解释可分为风险基础解释和市场非有效解释（如前文所述的增长效应研究）。就应计错误定价而言，其理论解释又可分为非误定价和错误定价两类观点。错误定价观，包括持续观、投资增长观、代理成本观和套利限制观等解释，是应计错误定价研究的主流观点。持续观和投资增长观是应计错误定价研究中涉及面最广、文献最多的两类观点，是本书所持观点，故对此两类文献做了详细论述。因应计错误定价的非误定价观研究较少，本书将之归为其他理论解释在此论述。

非误定价观认为，资本市场半强式有效，应计错误定价并非错误定价所致，而只是风险溢价的具体表现，或者是定价模型遗漏风险的结果，也称为风险基础假说。根据风险收益均衡理论，风险与收益相等。处于应计极端组的公司具有较高风险，使得应计基础套利策略获得高于无风险报酬的超额收益（风险溢价）。另一方面，也可能是基准定价模型非有效，错误计量风险导致了错误定价。

一些文献证明随着会计应计比例的降低，投资组合的财务困境风险系统地增加。Zach（2003）发现低应计公司具有低利润、低销售增长、较少合并和并购、较多重组和整顿、较高财务困境风险。Dechow和Ge（2006）证明低应计公司有较高的摘牌概率和较高财务风险。Ng（2005）发现应计交易策略导致较高财务困境风险的暴露。当控制财务风险后，应计策略的超常收益下降。说明低应计公司具有较高财务困境风险，至少部分的较高未来收益补偿了较高的财务困境风险。

因质疑研究应计项目的基准定价模型（风险调整模型）的有效性，Khan（2008）运用四因子①跨期资本资产定价模型计量风险进行检验，发现高、低应计公司相当部分平均收益的横截面变量可以被风险解释（反映了风险的理性溢价）。统计描述也显示，一般低应计公司具有负的盈余、高杠杆比率和高破产风险，辅助支持了应计错误定价的风险溢价解释。与Khan（2008）不同，Hirshleifer、Hou和Teoh（2007）在Fama和French（1993）的基础上，增加了应计项目模拟因子，发现模型能够在平均收益中捕捉到应计错误定价。但是，进一步检验发现，应计项目性质负载了预期收益，而非应计项目因子支持了应计错误定价的行为解释。

显然，资产定价模型的检验结果因所选择的风险不同而不同，Khan（2008）未能给出所选择风险因子的有力证明。而高财务风险也未能完全解释应计策略的超常收益，因此，笔者认为仍需其他理论阐释应计错误定价成因。

3.4 应计错误定价与股价同步性

3.4.1 信息含量与股价同步性

股价同步性与信息含量关系的研究有两个前提假设：一是信息会驱

① 四因子分别是市场投资组合的未来预期股利信息（Nd）、未来预期收益信息（Nr）、SMB（规模）和HML（市净率）。其中，Nd和Nr来自于Campbell和Vuolteenaho（2004）的风险因子，SMB和HML是Fama和French（1993）的风险因子。

动股价变动；二是不同信息对股价产生的影响不同。Roll（1988）指出较高水平公司层面的收益波动（即较低R^2或股价波动同步性）要么反映私人信息的存在，要么表明与公司价值无关的噪声交易，而这需要未来的研究加以验证。

从计量经济学理论而言，影响模型拟合优度的主要是市场收益和残差两个变量：前者的解释作用增强，或者后者的影响作用减弱，都可以增加模型的拟合优度，反之亦然。而残差代表了除了宏观层面公共信息之外所有的解释因素，其中除了公司基本面的信息外，也可能包括了与噪声相关的非理性因素。因此，较低的股价波动同步性不一定意味着知情交易活跃，相反，这也有可能是市场投机或噪声交易的结果。因此，上述问题就演变成一个证实或证伪的实证问题，即较低水平的股价波动同步性究竟是与噪声信息相联系，还是反映更多与公司基本价值相关的信息。

Durnev、Morck、Yeung 和 Zarowin（2003）最先对 Roll（1988）提出的两个竞争性对立假说进行检验。他们建立了股票收益对公司未来会计盈余的回归模型，并采用未来盈余反应系数和未来盈余解释力两个指标作为判断依据，其含义在于：较低水平的股价波动同步性意味着股票价格所反映的有关公司基本面的信息越丰富，相应地，公司未来盈余对股价的反应系数就越高，解释力度也应越大。在以美国上市公司为研究对象的实证检验中，Durnev 等（2003）发现较低的股价波动同步性的股票，其收益包含了更多的有关未来盈余的信息，从而验证了 Roll（1988）的第一个假说：公司之间同步性的差异应归因于股票价格特质信息含量的差异。

3.4.2 资产定价与股价同步性

由定义可知，股价同步性是衡量市场定价效率的指标，反映了个股股价与市场股价的联动程度，其表征变量R^2越小，说明个股股价反映的异质性信息越多，定价效率越高，反之，R^2越大，说明个股股价反映的异质性信息越少，定价效率越低。

应计错误定价研究的是资本市场对公司股票定价中应计项目信息的

含量是否充分。由于“公司之间同步性的差异应归因于股票价格特质信息含量的差异”，则股价同步性对于应计错误定价研究将产生影响。由我国市场存在“同涨同跌”和“板块联动”等现象，有必要对应计错误定价与股价同步性的关系进行研究。

3.5 本章小结

会计应计的定价过程，可以理解为会计信息系统对外提供应计信息，投资者、职业“第三方”等信息使用者对其进行分析并做出决策，从而对股票定价产生影响的过程（如图3-2所示）。其中，虚线框内表示了会计信息传递与使用的过程，生成的股价反映了使用者的需求，并将之反馈给会计体系，指导会计准则。同时，股价也向信息使用者传递了信息，使用者根据股价，反观应计项目等会计信息，调整下期决策，并向会计人员提出建议。

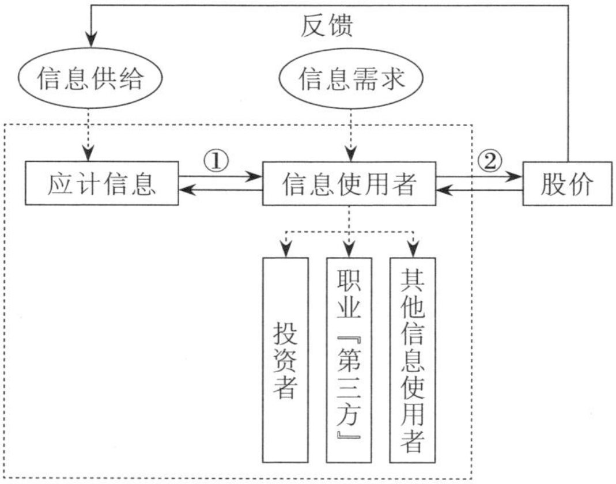

图3-2 应计定价关系图

应计错误定价则是在上述某一环节出现偏差，导致了市场的过度反应。基于应计的会计属性，持续观认为投资者未能理解应计信息含义（环节①），是错误定价的主要原因。投资增长观基于应计的净经营资产增长的属性，指出错误定价是投资者未能理解应计信息的经济含义（非理性解释，环节①），或者是随折现率变动最优调节应计的结果（理性解释）。代理成本观则认为，应计信息本身被扭曲，导致了以后的一系列反应。以上三类观点，都是基于虚框内会计信息的供给、运用提出的。套利限制观是针对信息使用者决策的操作性（环节②）提出的，认为缺少近似替代品、套利成本高等因素的限制使得即使环节①没有偏差，仍然会出现错误定价。由此，前三类理论解释的关系比较紧密。首先，尽管持续观仍有不成熟之处，但其论证严谨、经得起实证检验，且在不断地完善，随着应计错误定价研究的日益深入，俨然成为其他理论解释的基础。其次，根据应计的两重属性分别提出的持续观和投资增长观，如一枚硬币的两面，本书认为两者共同解释了应计错误定价的主要方面。再次，代理成本观对应计错误定价的不对称关系的解释，正好是前两类观点的有力补充。最后，套利限制观从股市角度检验应计策略的可操作性，拉近应计投资策略与实务的距离。对应计错误定价与股价同步性关系的检验，探究了应计项目在我国A股市场中的定价特点。

由于视角不同、研究方法限制（如不能剔除其他相关因素的影响）等因素，大多数文献仅支持一种有关应计错误定价的解释。但事实上，一种经济现象的背后可能意味着多种因素交织作用的过程。从研究结果及应计的二重性看，各种解释之间并非完全排斥，也可以相互补充。Sloan（1996）针对应计项目的会计账户基本属性提出的行为解释，已成为应计错误定价研究的基石。其后，Fairfield、Whisenant和Yohn（2003a）等学者提出应计错误定价可部分由边际收益递减规律解释，完善了应计的资本增长属性视角的理论阐释。

从所支持的理论解释看，国内应计错误定价研究主要在持续观的基础上，采用Sloan（1996）的方法进行研究。林翔和陈汉文（2005）研究涉及我国市场的投资增长观，但似乎并没引起大多数学者的关注。对于持续观的进一步探寻，如非正常应计错误定价等问题尚未有研究。从研究结论看，已有文献间还存在一定差异，对于中国市场应计错误定价存在性及其程度仍存在分歧。故本书分别从持续观和企业层面整体视角的投资增长观角度，对我国应计错误定价的存在性、非正常应计错误定价及应计错误定价的表现形式等问题进行研究。

股价同步性是股价“同涨同跌”的一种现象，应计错误定价是市场对应计项目的定价有误的现象。股价同步性高说明股价中的公司特质信息含量低，市场对公司特质信息定价存在偏差，对特质信息的应计项目定价产生影响。基于此，第7章剔除股价同步性后，对应计错误定价进行再检验。

4 应计错误定价与盈余持续性

4.1 引言

作为会计信息系统输出的核心变量，应计平滑企业报告盈余的噪声波动，解决了及时性和配比问题，具有现金流量所不能替代的重要作用（Dechow，1994）。对市场是否能够有效识别应计的信息含义的研究，检验了投资者对会计信息系统所提供信息的理解程度，揭示了投资者等会计信息使用者运用信息、影响股价的过程，对会计信息系统输出更有助于决策的信息有借鉴意义。Sloan（1996）首次发现市场未完全反映盈余应计组成部分的信息含义，企业应计盈余与未来超额回报负相关。运用美国公司季度数据，Collins和Hribar（2000）验证了这一现象。Pincus、Rajgopal和Venkatachalam（2007）指出普通法系国家的应计错误定价比大陆法系国家的更显著。Lafond（2005）发现应计错误定价是一种全球现象。其他国家（如德国、韩国、英国等），也先后发现本国存在应计错误定价，日本还发现存在非正常应计项目的错误定价，说明了此类现象的普遍性（陈国辉和赵宇凌，2010）。本章在分析我国应计性质的基础上提出假设，仿照Sloan（1996）的方法，采用Mishkin理性定价模型和应计投资策略对我国公司年数据进行应计错误定价与盈余持续性的检验，以探寻我国应计错误定价的存在性及其程度。

4.2 假设的提出

与配比原则相对应，会计人员需通过职业判断确定交易或事项带来的权利或义务的发生时点或归属期间来核算应计。这一方面方便管理者通过会计应计向外界传递符合公司经营情况的信息，减少信息的不对称性，但另一方面也为管理者操纵会计应计误导信息使用者、满足个人或小集体利益提供了操纵空间，两方面的结果都可能表现为应计的不稳定性。与国外类似，学者们发现随意处置会计应计是我国企业进行盈余管理的常用手段之一（陆建桥，1999；Aharony、Lee和Wong，2000；Haw、Qi和Wu，2001；吴东辉，2003）。应计制的本质决定了企业在实际收回或支付前已作应计资产或应计负债入账的现金时，需转回前已入账的应计项目。这些说明，在我国会计应计相对稳定地延续到下期的能力要低于现金流量（刘云中，2003）。由此，提出假设：

H1：我国应计盈余持续性低于现金盈余持续性。

持续性可以作为盈余质量的一个标准（Penman和Zhang，2002），若应计盈余持续性低于现金盈余持续性，则相同数值的盈余将随应计、现金流量的比例的不同而有所区别。也就是说，若假设H1成立，应计在盈余中的比例越高，盈余的持续性越低，盈余质量越低，则企业未来期间的业绩越差。较之国外发达资本市场，我国股市成立较晚，沪、深股市先后于1990年和1991年成立，投资者成熟度相对较低。赵宇龙和王志台（1999）对我国1997—1998年工业类上市公司的数据进行检验，发现我国投资者未能识别盈余中的永久部分，市场存在功能锁定现象。陆静、孟卫东和廖刚（2002）发现我国投资者功能锁定盈余，未对净资产、现金流量等财务数据给予足够关注。若投资者未能理解应计盈余持续性低于现金流量持续性的经济实质，往往会功能锁定盈余，没有区别相同大小、不同组成的盈余，导致高估应计盈余的质量、低估现金盈余质量。一些学者发现我国市场高估应计盈余高的公司（王庆文，2005；李远鹏和牛建军，2007；樊行健、刘浩和郭文博，2009）。据此，提出假设：

H2：买入应计盈余比例低的股票，卖出应计盈余比例高的股票，可以获得超额回报。

4.3 样本选择

4.3.1 研究样本的选择

我国1998年开始要求编制现金流量表，考虑到计量应计项目需要经营性现金流量信息，本书研究样本数据期间起始于1998年。根据国泰安发布的《中国上市公司财务报表数据库使用说明书（2009版）》附录，我国会计制度从1990年至今的发展分为五个阶段，将1998—2006年划分为第四阶段，并指出该阶段我国“上市公司会计报表逐渐走向规范化”。也有学者将我国会计制度改革划分为：借鉴国际惯例阶段（1979—1992年），广泛地借鉴国际惯例阶段（1992—1997年），全面借鉴国际惯例阶段（1997—2007年），2007年起与国际全面趋同四个阶段。由上述可知，2007年是我国会计制度改革的一个分水岭。

财政部于2006年2月15日发布了39项企业会计准则[①]，中国上市公司于2007年执行，其他企业鼓励执行。截至2022年我国企业会计准则已增至42项。与我国以往制定的准则相比，财政部2007年开始执行的新会计准则与国际会计准则实质趋同，与旧准则在框架、原则、会计方法、会计政策等方面存在差异。新会计准则采用了公允价值计量属性并对企业盈余的各组成部分进行重新划分和列报。这种变化将会对投资

① 2006年以前的会计准则，后文称为“旧准则”或“会计准则”；2007年开始执行的会计准则，后文称“新准则”或“新会计准则”。

者理解盈余信息产生影响，即在不考虑其他因素情况下，投资者对新准则报告的盈余与旧准则报告的盈余的理解会有所不同。由此，新、旧准则期间的应计项目样本数据存在较大差异，合并两准则数据期间将可能对研究结果产生噪声。

旧准则数据期间，中国A股市场有典型的发展中国家的经济特点，会计准则也具有一定的中国特色，对这段时间的我国应计错误定价研究可作为与其他国家或地区同类研究的对照。此外，已有文献多选用了旧准则样本期间，不包含新准则数据期间，使研究结果更具可比性。由此本书以国泰安数据库划分的会计制度改革的第四阶段（1998—2006年），为研究样本数据期间。考虑到预测下一年盈余、规模化各变量和套利检验分别需要事件期前一年、次年、当年和后年的数据，研究样本实际所涉及的数据期间为1997—2008年。

4.3.2 对比研究样本的选择

2007—2022年，中国经济继续迅猛发展，新准则与国际会计准则全面趋同，对这段时间的我国应计错误定价的检验有助于研究我国应计错误定价的发展变化、探究我国会计信息定价的机理。本书选取我国会计制度改革的第五阶段2007—2019年作为对比研究样本数据期间，对比研究样本实际涉及的数据期间为2006—2020年。

同时，样本数据选择还需满足以下几点：

（1）非金融类企业（金融企业的经营活动和投资活动不易区分）；

（2）年初资产总额[①]及计算应计项目所需当年财务数据完整；

（3）事件期次年5月至后年4月的月个股回报率完整（后文筛选原则同，不再赘述）。

考虑上述因素后，本书得到旧准则数据期间8 890个公司的年数据，具体筛选过程见表4-1。所有数据均来自国泰安CSMAR数据库。

① 本书用“上年期末资产总额”替代“年初资产总额”，主要基于以下两点：一是仅少数企业两值不等，选用前者可使各公司数据口径一致；二是与经过年终审计的年初数相比，经过年终审计的年末数在时间上更具可靠性。

表4-1　样本筛选过程及结果

样本筛选过程	N
中国A股上市公司1998—2006年数据	10 451
剔除：	
计算应计表征变量所需会计数据不全的样本数	(734)
计算规模调整超额回报率所需的股票回报率不全的样本数	(827)
最终样本数	8 890

4.4 变量定义

4.4.1 总应计变量

从理论上讲，应计项目等于会计盈余与现金流量之差。实际上，各文献中“应计项目”具体含义所涵盖范围并不完全相同，往往因研究目的不同而选择不同的应计表征变量。目前会计应计的经验研究中，应计的表征变量按照计算方法和所持收益[①]计量观的不同，可划分为资产负债表法和现金流量表法。根据研究目的不同，应计表征变量又可分为总应计和经营性应计。资产负债表法根据经营资产、经营负债项目直接计算出应计表征变量，又可称之为直接应计法，该法所得的应计变量称为总应计项目或经营性应计项目。现金流量表法通过会计盈余与现金流量项目倒轧出应计变量，又可称为间接应计法，该法计算得出的变量称为总应计盈余或经营性应计盈余。相同层次的应计变量，如总（经营性）应计项目与总（经营性）应计盈余，在理论上近似相等。在实际中，由于公司非经营事件的发生，使得两种方法下的应计大小可能不同。Hribar和Collins（2002）

① 全书对“收益”与“盈余”不作区分。

对总应计盈余和传统营运资本应计项目两类应计变量进行检验，发现公司的非经营事件影响了资产负债表法计算应计变量的准确性。因为，采用资产负债表法的前提是，营运资本账户变动与收入、费用中的应计组成部分存在勾稽关系，这在一般经营活动中都成立。但是，当公司发生重分类、资产重组、清算等非经营性事项时，上述联系将受到一定的破坏，此时采用资产负债表法会导致应计项目估计出现偏差。本章对我国A股市场总应计进行研究，以检验我国是否存在总应计错误定价。故目前广泛采用计算简便的总应计盈余作为总应计变量，具体为：

$$总应计盈余 = 净利润 - 经营活动产生的现金流量 \tag{4.1}$$

该法假定经营活动产生的现金流量都包含在经营性盈余中。由于，净利润=经营性盈余+营业外利润+投资收益-财务费用-所得税，则经营活动产生的现金流量包含在净利润中。由等式（4.1）可知，总应计盈余包含了经营活动、投资活动和筹资活动产生的应计盈余。非金融企业以生产经营活动为主，投资、筹资活动较少。其中，投资活动产生的盈余主要来自于处置长期资产或子公司交易，处置收益（损失）冲减资产的历史账面价值后，通过资产处置损益计入净利润。而“投资收益”账户所涉及的投资活动盈余相对较少，其收现部分更少。筹资活动产生的现金流主要为长期股权、债权投资及其收回，一般不计入净利润。其中涉及债权、债务利息的“财务费用”计入净利润，但同样金额相对较小。因此，此法忽略了投资收益项目与财务费用项目涉及的现金。总应计盈余包含了除经营活动、投资活动和筹资活动产生的应计盈余，体现了公司的总应计水平。

为消除规模效应和异方差问题，本书将等式（4.1）中的三个变量都除以年初资产总额进行检验①，则可写作

$$TAC_t/TA_{t-1} = (Earings_t/TA_{t-1}) - (CFO_t/TA_{t-1}) \tag{4.2}$$

其中：TA_{t-1}表示t-1年年末总资产；$Earings_t$表示t年净利；TAC_t表示t年年末总应计；CFO_t表示t年经营活动产生的现金流量。

① 后文的TAC、Earnings和CFO都表示被年初资产总额规模化后的变量。

4.4.2 超额收益率变量

超额收益率是指个别股票收益率与该股票期望收益率之差。考虑到我国A股上市公司事项年度的财务报告信息于次年4月30日方可公共取得，本书个股年超额收益率期间设定为事件年度次年5月第一个交易日至后年4月最后一个交易日，这与数据库提供的财政年度期间不符，因此，本书需根据个股月收益率，计算个股年超额收益率。具体为：

1）个股月超额收益率

$$AR_{it} = R_{it} - E(R_{it}) \tag{4.3}$$

其中：R_{it}为股票i在t月的收益率[①]，$E(R_{it})$为股票i在t月的期望收益率，AR_{it}为股票i在t月的超额收益率。

$E(R_{it})$也可称为基准收益率，一般有三种计算方法：规模（或账面市值）调整的等权（或加权）基准收益率、风险调整的基准收益率和市场调整的基准收益率。本书选取常用的规模调整等权基准收益率法计算$E(R_{it})$。

2）个股年超额收益率

目前，经验研究分析股票长期超额收益率的方法主要有两种：累计超额收益率（cumulative abnormal return，CAR）和买入并持有超额收益率（buy-and-hold abnormal return，BHAR）。CAR是将各月超额收益率简单加总的结果。τ个月内股票i的CAR具体为：

$$CAR_{i\tau} = \sum_{i=s}^{s+\tau} AR_{it} \tag{4.4}$$

其中：AR_{it}为股票i在t月的超额收益率。

BHAR则是依据复利计息的方式求得。τ个月内股票i的BHAR为：

$$BHAR_{i\tau} = \prod_{i=s}^{s+\tau}(1 + R_{it}) - 1 - E(R_{i\tau}) \tag{4.5}$$

其中：R_{it}为股票i在t月的收益率，$E(R_{i\tau})$为股票i在τ个月内的复利计息期望收益率。

两种计算方法所研究的问题有所不同。将12个月的CAR与一年期

---

① CSMAR直接提供了个股月收益率，公式为$R_{i,t} = (P_{i,t} - P_{i,t-1})/P_{i,t-1}$，其中，$P_{i,t}$为股票i在t月的最后一个交易日考虑现金红利再投资的日收盘价的可比价格；$P_{i,t-1}$为股票i在t-1月的最后一个交易日考虑现金红利再投资的日收盘价的可比价格。

的BHAR相比较，前者除以12可求得月平均超额收益率，后者则不能。Barber和Lyon（1997）指出，12个月的CAR检验的是事件期样本公司的月平均超额收益率是否为零，而一年期的BHAR检验的是事件期样本公司的年平均超额收益率是否为零。

代表月平均超额收益率的CAR没有考虑复利计息，因而未能准确地反映出投资者的收益或损失。BHAR考虑了复利计息，合理地计算出买入并持有股票的投资者所获得的收益率。尽管两种计算方式各有优缺点，但是，应计错误定价主要关注的是投资者的交易策略所得收益率，具体而言，主要检验的是持有期间（一年）的平均超额收益率，而非持有期间内的月平均超额收益率。这决定了BHAR更适合应计错误定价研究，国外大部分同类文献都选择了此种方法[①]。

BHAR因计算基准收益率$E(R_{i\tau})$方法的不同，又分为两种算法。以规模调整等权基准收益率为例，令$R_{ps\tau}$表示计算初始期为s月的τ个月内的投资组合p的复利计息的规模调整等权基准收益率。

第一种方法在美国现有文献中广为使用，具体为，先计算按规模划分的每个投资组合的各月平均收益率，再利用各月平均收益率复利计算τ个月内的平均收益率，用$R_{ps\tau}^{reb}$表示，意指各月重新平衡（rebalance）后计算出的$R_{ps\tau}$，公式为：

$$R_{ps\tau}^{reb} = \prod_{t=s}^{s+\tau}\left(1 + \frac{\sum_{i=1}^{n_{pt}} R_{it}}{n_{pt}}\right) - 1 \tag{4.6}$$

其中，s为计算初始月，τ为投资期间（总月数），R_{it}为股票i在t月的收益率，n_{pt}为t月股票i所在的投资组合p的股票数。

为保证股票指数等权（$1/n_{pt}$），该种方法要求每个月对基准投资组合重新调整。而样本投资组合没有重新调整，等权基准投资组合收益率相对偏高，从而对总体的平均BHAR产生负向偏离，被称为重新平衡偏差（rebalancing bias）。此外，基准投资组合收益率包含了s月后的IPO，而Ritter（1991）发现IPO业绩比同类股票低，导致期望收益率计算产生向下偏差，被称为新股偏差（new listing bias）。需要说明的是，美国

① 如Sloan（1996）、Xie（2001）、Bradshaw et al.（2001）、Fairfield et al.（2003）等。

证券价格研究研究中心（CRSP）提供了各期间上市公司按规模分组的投资组合数据，可能是该方法广为使用的原因之一。

为消除上述两种偏差，Lyon、Barber和Tsai（1999）提出第二种方法，先计算个股总期间收益率，再跨股票计算平均收益率。具体为，先复利计算各股票τ个月内的收益率，再计算投资组合p的τ个月内平均收益率，用$R_{ps\tau}^{bh}$表示，意指买入持有后的$R_{ps\tau}$，公式为：

$$R_{ps\tau}^{bh} = \sum_{i=1}^{n_{ps}} \frac{\left[\prod_{t=s}^{s+\tau}(R_{it} + 1)\right] - 1}{n_{ps}} \tag{4.7}$$

其中，n_{ps}为计算初始期s月，股票i所属的投资组合p的股票数。

此种方法下，仅在计算初始期s月对所有股票按规模大小进行一次性划分，得出的投资组合在计算期不再调整，从而避免了重新平衡偏差和新股偏差。本书选择第二种方法计算BHAR，除了其弥补第一种方法的两种偏差，主要因为在没有上市公司各月按规模分组的投资组合数据的情况下，第二种方法更加简洁，减少计算误差，具体可写作：

$$BHAR_{i\tau} = \prod_{i=s}^{s+\tau}(1 + R_{it}) - 1 - \sum_{i=1}^{n_{ps}} \frac{\left[\prod_{t=s}^{s+\tau}(R_{it} + 1)\right] - 1}{n_{ps}} \tag{4.8}$$

4.5 统计描述

为便于观察数据特点，本书将公司数据先每年按总应计大小排列，等量分为从低到高十组，再将各年份相同等级组的数据混合起来，最后形成十个应计等级组合。表4-2给出各应计等级组的变量统计描述。

表4-2显示，当应计项目从最低组均值（中位数）-0.223（-0.181）到最高组均值（中位数）0.177（0.138）时，现金流量均值（中位数）从0.155（0.167）到-0.108（-0.085）单调递减，说明应计项目与现金流量呈负相关关系，与Dechow（1994）的发现一致。而盈余则与应计项目存在近似正向关系，盈余均值（中位数）在应计最低组为-0.068（0.006），在应计最高组为0.069（0.050）。

表4-2 盈余及其组成部分的统计特征

变量	统计量	最低	2	3	4	5	6	7	8	9	最高
TAC	均值	−0.223	−0.104	−0.069	−0.047	−0.029	−0.011	0.007	0.028	0.059	0.177
	中位数	−0.181	−0.105	−0.071	−0.050	−0.034	−0.017	−0.001	0.018	0.050	0.138
CFO	均值	0.155	0.121	0.099	0.083	0.063	0.047	0.034	0.019	−0.006	−0.108
	中位数	0.167	0.134	0.102	0.080	0.061	0.043	0.031	0.016	−0.012	−0.085
Earnings	均值	−0.068	0.017	0.030	0.037	0.034	0.036	0.041	0.047	0.053	0.069
	中位数	0.006	0.026	0.033	0.031	0.029	0.028	0.036	0.040	0.045	0.050
NAC	均值	−0.045	−0.036	−0.032	−0.030	−0.028	−0.025	−0.024	−0.019	−0.014	0.006
	中位数	−0.038	−0.039	−0.037	−0.034	−0.033	−0.029	−0.030	−0.025	−0.020	−0.007
ABNAC	均值	−0.179	−0.069	−0.036	−0.017	−0.001	0.014	0.031	0.047	0.073	0.170
	中位数	−0.146	−0.068	−0.035	−0.016	0.000	0.015	0.033	0.051	0.076	0.147

4.6 盈余持续性

盈余持续性是股票市场投资者定价的一个重要参考，经典财务报表分析教材都会强调分析当前盈余的持续性特征有助于分析和预测未来的盈余表现。盈余持续性的研究始于Ban和Watts（1972），早期主要着眼于从盈余的时间序列中估计带有持续性特征的参数，而后转向把有关盈余的其他会计信息作为持续性的指标代入方程进行研究，Sloan（1996）的经典文献为盈余持续性的研究提供了新的研究方式。

4.6.1 盈余的自回归模型

$$Earnings_{t+1} = \alpha_0 + \alpha_1 Earnings_t + \nu_{t+1} \tag{4.9}$$

盈余的自回归模型方程（4.9）的回归结果见表4-3。

表4-3　　方程（4.9）回归结果

	Coefficient	Std.Error	t-Statistic	Prob
α_0	0.012656	0.001014	12.48504	0.0000
α_1	0.495003	0.011923	41.51585	0.0000
R-squared	0.173248	Mean dependent var		0.030443
Adjusted R-squared	0.173147	S.D.dependent var		0.091635
S.E.of regression	0.083325	Akaike info criterion		-2.131891
Sum squared resid	57.10676	Schwarz criterion		-2.130186
Log likelihood	8771.534	Hannan-Quinn criter.		-2.131308
F-statistic	1723.565	Durbin-Watson stat		2.018958
Prob（F-statistic）	0.000000			

盈余自回归模型方程（4.9）中，F检验的相伴系数（p值）为0，说明方程呈高度线性。持续性系数α_1T检验的相伴概率为0，对于自变量估计显著成立，说明我国会计盈余存在持续性。

4.6.2 Sloan（1996）盈余回归模型

将方程（4.9）中的$Earnings_t$分解为$Accruals_t$和$CashFlow_t$两部分，从而得到方程（4.10），再次进行回归检验，结果见表4-4。

$$Earnings_{t+1} = r_0 + r_1 Accruals_t + r_2 CashFlow_t + u_{t+1} \tag{4.10}$$

表4-4 方程（4.10）回归结果

	Coefficient	Std.Error	t-Statistic	Prob
r_0	0.008033	0.001068	7.521360	0.0000
r_1	0.454072	0.012242	37.09043	0.0000
r_2	0.566591	0.013089	43.28673	0.0000
R-squared	0.189101	Mean dependent var		0.030443
Adjusted R-squared	0.188904	S.D.dependent var		0.091635
S.E.of regression	0.082527	Akaike info criterion		-2.151010
Sum squared resid	56.01170	Schwarz criterion		-2.148452
Log likelihood	8851.179	Hannan-Quinn criter.		-2.150135
F-statistic	958.9159	Durbin-Watson stat		2.048685
Prob（F-statistic）	0.000000			

经过分解以后，方程（4.10）对方程（4.9）的回归统计结果中调整后的样本决定系数（adjusted r-squared）增大，残差的平方和（sum squared resid）减小，说明分解以后方程的解释能力和模型精确率都有所增强。

方程（4.10）的F检验的相伴概率为0，反映变量间呈高度线性，回归方程显著。各项系数 r_0、r_1 和 r_2 的T检验的相伴概率为0，说明方程（4.10）中各个自变量都是显著的。为了进一步测试 $Accruals_t$ 的系数 r_1 与 $CashFlow_t$ 的系数 r_2 的关系，作 $r_1=r_2$ 的Wald检验，具体见表4-5。

表4-5　$r_1=r_2$ 的Wald检验

Test Statistic	Value	df	Probability
F-statistic	160.7833	（1，8224）	0.0000
Chi-square	160.7833	1	0.0000

Null Hypothesis Summary:

Normalized Restriction（= 0）	Value	Std.Err.
r_1-r_2	-0.112519	0.008874

由表4-5知，方程（4.10）在0.0001的置信度下，应计系数 r_1 与现金流量系数 r_2 在统计上显著不同。由 $r_1-r_2=-0.113$（标准差为0.009）可以推出，$r_1=0.454072<r_2=0.567$（见表4-4）在统计上显著成立。这样就证明了假设H1我国A股市场非金融企业盈余的应计组成部分持续性低于现金流量组成部分持续性。

4.6.3　总应计极端组各变量均值（中位数）的时间序列性质

首先，将每年总应计数据从小到大进行排列，等量分为从低到高十组。然后，以各年应计极端组所包含公司的总应计数均值为纵轴，以总应计数均值对应的发生时间（年份）为横轴，建立二维坐标系。其中，公司归属于总应计极端组时的年份为该公司的事件期（第0年）。最后，在总应计极端投资组合形成的前后4年里，跟踪极端总应计组所包含公司的应计、盈余、现金流量的均值和中位数变化趋势，具体见表4-6、表4-7、图4-1至图4-6。

表4-6　　最低总应计组各变量均值（中位数）变化趋势

年	−4	−3	−2	−1	0	1	2	3	4
总应计均值	−0.010	−0.024	−0.029	−0.044	−0.220	−0.055	−0.046	−0.060	−0.054
总应计中位数	−0.014	−0.017	−0.023	−0.042	−0.179	−0.050	−0.049	−0.047	−0.045
盈余均值	0.035	0.018	0.017	−0.002	−0.061	0.012	0.027	0.015	0.015
盈余中位数	0.035	0.031	0.025	0.014	0.008	0.028	0.029	0.027	0.025
现金流量均值	0.045	0.042	0.046	0.042	0.159	0.068	0.074	0.075	0.069
现金流量中位数	0.043	0.033	0.039	0.030	0.170	0.053	0.073	0.061	0.060

表4-7　　最高总应计组各变量均值（中位数）变化趋势

年	−4	−3	−2	−1	0	1	2	3	4
总应计均值	0.007	0.017	0.020	0.024	0.171	0.008	−0.004	−0.028	−0.030
总应计中位数	0.005	0.005	0.007	0.016	0.134	0.003	−0.009	−0.029	−0.023
盈余均值	0.031	0.043	0.046	0.059	0.068	0.037	0.024	0.007	0.004
盈余中位数	0.043	0.047	0.050	0.054	0.050	0.036	0.026	0.021	0.017
现金流量均值	0.024	0.026	0.026	0.035	−0.103	0.029	0.028	0.035	0.034
现金流量中位数	0.028	0.031	0.034	0.040	−0.081	0.031	0.033	0.037	0.029

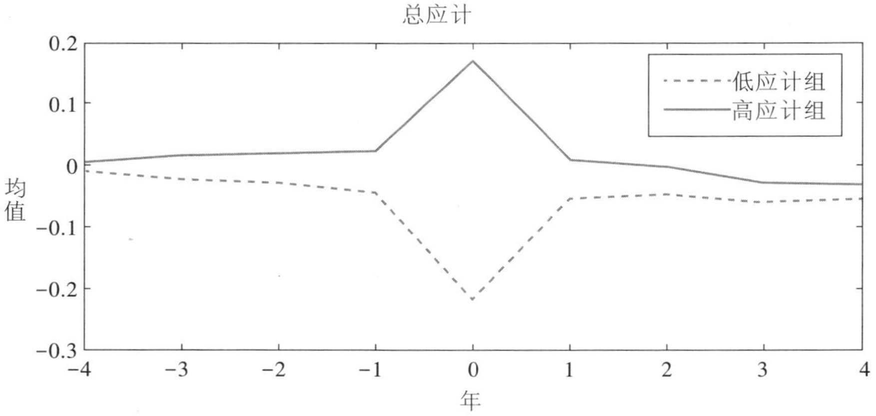

图4-1　总应计极端组的总应计均值事件时间图

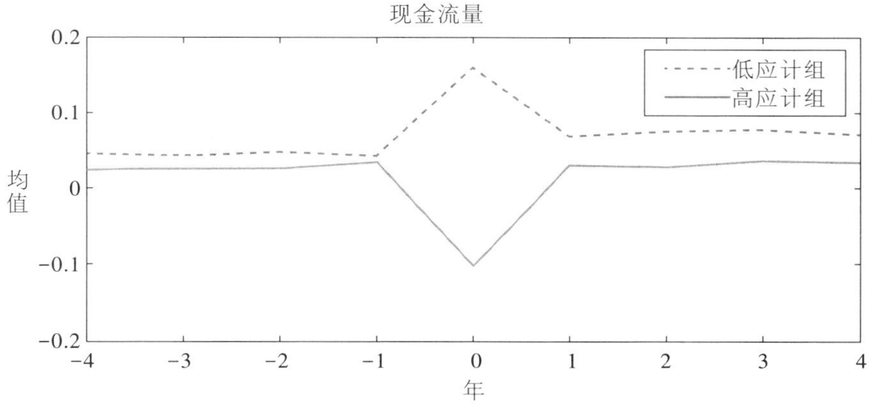

图 4-2　总应计极端组的现金流量均值事件时间图

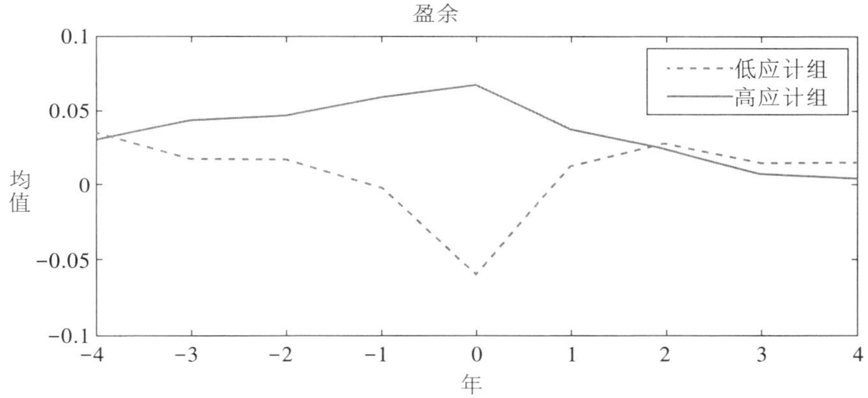

图 4-3　总应计极端组的盈余均值事件时间图

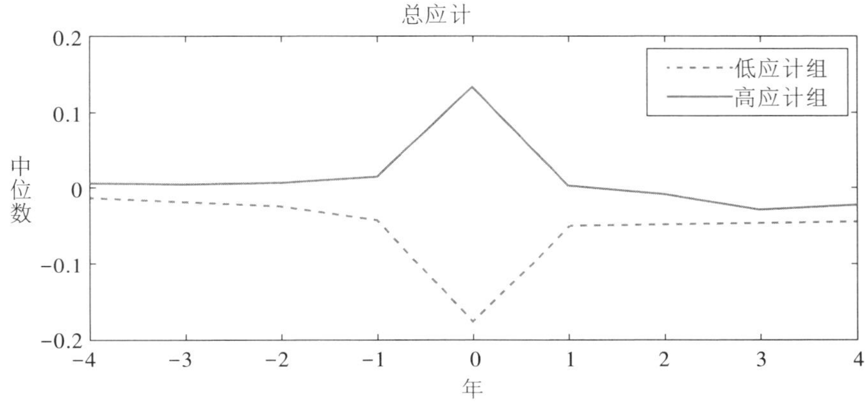

图 4-4　总应计极端组的总应计中位数事件时间图

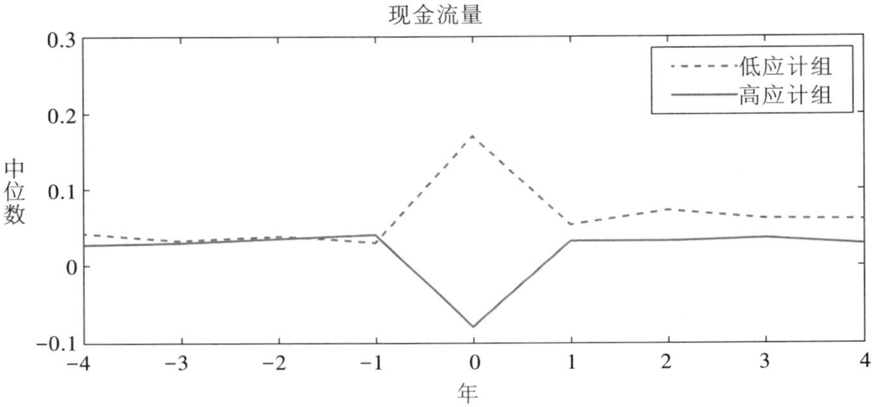

图4-5　总应计极端组的现金流量中位数事件时间图

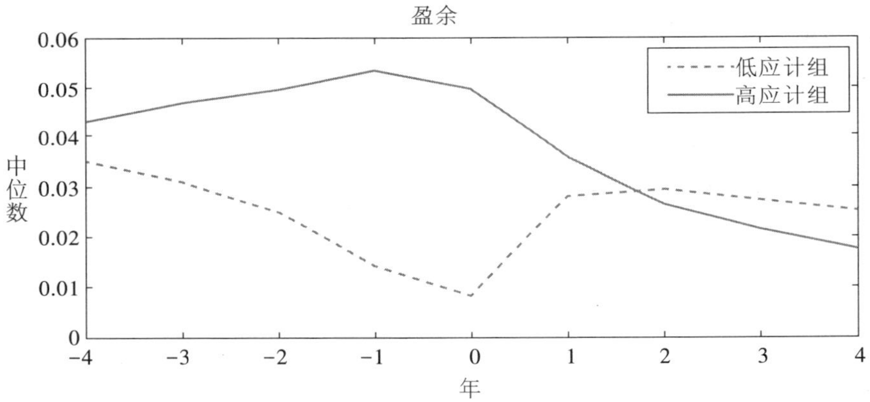

图4-6　总应计极端组的盈余中位数事件时间图

由表4-6、表4-7、图4-1和图4-4可以看出，在事件期第0年总应计最高组（最低组）的总应计均值和中位数均达到最高（最低），并且在第1年和第-1年，迅速降低（升高），即总应计均值（中位数）在1年内反转，均值反转大约在4年完成。由表4-6和表4-7、图4-1至图4-6可知，现金流量与总应计的变化趋势几近相反，现金流量的反转速度略低于总应计的反转速度，反转完成时间大于4年，而盈余的反转速度最慢。由图4-1、图4-2和图4-3可知，最高总应计组的盈余均值高于现金流量均值，其结果表现为盈余均值略大于零，反转完成时间小于等于4年。

4.7 Mishkin检验

自Sloan（1996）之后，Mishkin（1983）建立的宏观经济学中的理性预期假说被许多文献用来检验会计数字的定价问题①。本书亦选用该理性定价模型进一步检验我国市场对应计项目的定价方向。

4.7.1 Mishkin（1983）理性定价模型

理性预期假说认为，任何变量的市场主观预期分布与该变量的可获知信息条件下的客观预期分布一致。令ϕ_t表示t期末公共可获得的信息集，$E(\cdots|\varphi_t)$表示已知条件为φ_t的客观期望。Mishkin（1983）将所研究变量的模型限定为线性的，则变量X_{t+1}可写作：

$$X_{t+1} = Z_{1,t}\alpha_1 + Z_{2,t}\alpha_2 + u_{t+1} \tag{4.11}$$

其中，$Z_{1,t}$和$Z_{2,t}$表示f期末已知变量的向量，因此，其信息包含于ϕ_t中；u_{t+1}表示残差项，并且$E(u_t|\phi_t) = 0$。

显然，X_{t+1}以ϕ_t为条件的客观期望为：

$$E(X_{t+1}|\phi_t) = Z_{1,t}\alpha_1 + Z_{2,t}\alpha_2 \tag{4.12}$$

考虑一年后预期的X^e_{t+1}可以通过观察t期末X_{t+1}的期望获得。理性预期假说要求，预期的X^e_{t+1}等于ϕ_t条件下X_{t+1}的客观期望。于是有：

$$X^e_{t+1} = Z_{1,t}\alpha^*_1 + Z_{2,t}\alpha^*_2 + v_{t+1} \tag{4.13}$$

则原假设（理性假说）成立的条件为$\alpha_1 = \alpha^*_1$，$\alpha_2 = \alpha^*_2$，并且$v_{t+1} = 0$。在处理实际数据的期望时，可以放宽理性假说的约束条件，即令

$$E(X_{t+1} - X^e_{t+1}|\phi_t) = 0 \tag{4.14}$$

此时原假设成立的条件则为$\alpha_1 = \alpha^*_1$，$\alpha_2 = \alpha^*_2$，并且$E(v_{t+1}) = 0$，即v_{t+1}可以有非零的取值。

在检验市场是否有效时，一般采用持有股票收益率作为变量。令r_{t+1}表示t + 1期内持有某一股票收益率。资本市场有效性意味着，在φ_t

① 如Collin和Hribar（2000），Xie（2001），Beneish和Vargus（2002），Burgstahler、Jiambalvo和Shevlin（2002），Hanlon（2005），Dechow和Ge（2006），Dechow、Richardson和Sloan（2008）等。

条件下市场对r_{t+1}的主观预期等同于其客观预期。Mishkin（1983）基于市场有效性的这一基本含义，建立了一个检验宏观经济学中的理性期望假设的理论框架：

$$E_m(r_{t+1}|\phi_t) = E(r_{t+1}|\phi_t) \tag{4.15}$$ [①]

其中，φ_t表示在t期末时公共可获知的信息集；$E_m(r_{t+1}|\phi_t)$表示市场估计的r_{t+1}的主观条件预期；$E(r_{t+1}|\phi_t)$表示r_{t+1}的客观预期。

在具体检验时，类似方程（4.14）可以放宽方程（4.15）的条件，即令：

$$E(r_{t+1} - E_m(r_{t+1}|\phi_t)|\phi_t) = 0 \tag{4.16}$$

令$R_{t+1} = E_m(r_{t+1}|\phi_t)$，方程（4.16）可写作：

$$E(r_{t+1} - R_{t+1}|\phi_t) = 0 \tag{4.17}$$

当X_{t+1}为t + 1期末与股票定价相关的变量时，则满足有效市场条件的方程（4.17）可写作：

$$(r_{t+1} - R_{t+1}|\phi_t) = \beta(X_{t+1} - X^e_{t+1}) + \varepsilon_{t+1} \tag{4.18}$$

其中，ε_{t+1}表示$E(\varepsilon_{t+1}|\varphi_t) = 0$的分布；$X^e_{t+1}$表示t期$X_{t+1}$的理性预期，亦即$X^e_{t+1} = E(X_{t+1}|\varphi_t)$；β表示估值乘数；$(r_{t+1} - R_{t+1}|\phi_t)$表示在$\varphi_t$条件下的股票超额收益率。该模型不仅体现了市场有效性或理性预期的思想，还可以看作一个市场均衡模型，即强调了仅有新信息时，股票超额收益率区别于零。也就是说，只有同期X_{t+1}的未预期变化与$(r_{t+1} - R_{t+1}|\phi_t)$的产生相关。在应计项目的定价检验中，$X_{t+1}$表示为会计盈余变量，根据方程（4.2）和（4.11），t + 1期的会计盈余（$Earnings_{t+1}$）可写作：

$$Earnings_{t+1} = \gamma_0 + \gamma_1 TAC_t + \gamma_2 CFO_t + u_{t+1} \tag{4.19}$$

则由方程（4.13）、（4.18）和（4.19），t + 1期买入并持有股票超额收益率（$BHAR_{t+1}$）可表示为：

$$BHAR_{t+1} = \alpha + \beta(Earnings_{t+1} - \gamma_0 - \gamma^*_1 TAC_t - \gamma^*_2 CFO_t) + \varepsilon_{t+1} \tag{4.20}$$ [②]

方程（4.19）可以估计出应计盈余和现金流量盈余的持续性，也就

① Mishkin（1983）仅检验方程 的一阶分布矩。

② Sloan（1996）对定价方程没有加截距项α，此处，加截距项基于两点考虑：一是使预测方程与定价方程相对应，以便联合估计；二是Mishkin（1983）在联合检验货币中立性和市场有效形式时，两方程都加截距项，而在检验市场有效性时两方程都没有截距项，本书认为，估计此联立方程时，可选择同时加截距项来估计。

是说，表示了当期盈余的应计和现金流量组成部分对下一年盈余的信息含义，因而被称为预测方程。方程（4.20）表示，在剔除了盈余反应因素后，市场分配给盈余的应计和现金流量组成部分的定价系数，因而被称为定价方程。

尽管理性预期X_{t+1}^{e}不能直接观察到，但是可以通过对$Earnings_{t+1}$的未预期变动与$BHAR_{t+1}$相关条件下的均衡模型进行理性检验。具体为，将方程（4.19）和（4.20）联立，通过Mishkin（1983）所述的迭代广义非线性最小二乘法对其进行两阶段估计：首先，对非限制方程组（即对γ_i和γ_i^*不施加任何约束）进行估计，得出盈余各组成部分的预测系数和定价系数；其次，对联立方程施加理性定价限制（即γ_i和γ_i^*，i=1或2）。该非线性限制要求股票价格正确预期盈余业绩的平均持续性。

4.7.2 似然率检验

采用似然率统计量对联立方程进行检验。在上述估计的第一阶段，获得非限制系统①的残差平方和（SSR^u）；在第二阶段，得出限制系统的残差平方和（SSR^c）。检验市场有效性的渐进$\chi^2(q)$分布的似然率统计量为：

$$2n\log(SSR^c/SSR^u) \tag{4.21}$$

其中，q为市场有效性假说所施加的限制条件的个数；n为观察值的个数。

1）完全信息极大似然法

联立方程的似然率统计量可以通过完全信息极大似然法（FIML）估计获得。在市场有效假说下，方程（4.20）为真正简化形式（a true reduced form），意味着系统的两方程的残差平方和为零。则估计的残差方差-协方差（$\hat{\sum}$）矩阵为：

$$\hat{\sum} = \begin{bmatrix} \frac{SSR_E}{n} & 0 \\ 0 & \frac{SSR_{AR}}{n} \end{bmatrix} \tag{4.22}$$

① 非限制系统和限制系统，即指非限制条件下的联立方程和限制条件下的联立方程。

其中，SSR_E表示预测方程的残差平方和，SSR_{AR}表示定价方程的残差平方和。

该系统为三角形的（triangular），因此FIML包含了似然方程的最大值：

$$\log L = C - \frac{n}{2}\log(\det\hat{\sum}) \tag{4.23}$$

其中，$\det\hat{\sum}$ 表示 $\hat{\sum}$ 的行列式。

则FIML下渐进$\chi^2(q)$分布的极大似然统计量为：

$$-2\log\left[\frac{L^c(\hat{\sum}^c)}{L^u(\hat{\sum}^u)}\right] = n\log(\det\hat{\sum}^c/\det\hat{\sum}^u) \tag{4.24}$$

其中，L^c表示限制系统的最大似然，L^u表示非限制系统的最大似然，$\hat{\sum}^c$表示限制系统下$\hat{\sum}$的估计结果，$\hat{\sum}^u$表示非限制系统下$\hat{\sum}$的估计结果。

将方程（4.24）表示的统计量与严格的$\chi^2(q)$分布比较，从而对联立方程的零假设进行检验。采用FIML估计似然统计量时，难以对方程（4.22）施加必要的协方差限制。在估计广义最小二乘法的加权矩阵时，该法对一个方程方差的估计往往相对另一方程有偏，主要是因为方差为极大似然估计（残差平方和除以各方程的观测值个数），而非无偏估计（残差平方和除以自由度）。

2）三阶段最小二乘法

为修正上述问题，Mishkin（1983）采用如下三阶段最小二乘法估计似然统计量。首先，通过迭代非线性GLS估计限制系统的$\hat{\sum}$矩阵[①]。其次，为消除方程之间的异方差性，将限制系统的$\hat{\sum}$作为权数（即预测方程两边同乘以$\sqrt{SSR_{AR}/SSR_E}$），运用非线性GLS估计非限制系统获得新的$\hat{\sum}$矩阵，并将之作为下一次估计的权数进行迭代，直

① 给定对角线形式的$\hat{\sum}$矩阵，用于估计$\hat{\sum}$的非线性GLS等价于非线性加权最小二乘法（WLS）。

至 $\hat{\sum}$ 矩阵变化很小[①]。由于系统是三角形的，因此迭代过程将收敛于最大似然估计。综上，上述估计步骤所得渐进 $\chi^2(q)$ 分布的似然率统计量为：

$$-2\log\left[\frac{L^c(\hat{\sum}^c)}{L^u(\hat{\sum}^c)}\right]=2n\log(SSR^c/SSR^u) \tag{4.25}$$

其中，$\hat{\sum}^c$ 表示估计限制系统所得的 $\hat{\sum}$，SSR^c 表示限制加权系统的残差平方和，SSR^u 表示非限制加权系统的残差平方和。

本法下所得似然率统计量（4.25）与FIML的（4.24）不同在于，限制系统和非限制系统的极大似然估计采用同一加权矩阵 $\hat{\sum}^c$。本书采用此种方法估计似然率统计量。

4.7.3 检验结果与分析

运用上述方法对方程（4.19）和（4.20）进行估计，所得结果见表4-8。

表4-8　**市场对应计盈余和现金盈余的定价检验**

Panel A 盈余组成部分的预测系数和定价系数

	估计值	渐进标准误
γ_1	0.454	0.012
γ_1^*	0.714	0.086
γ_2	0.567	0.013
γ_2^*	0.659	0.090

Panel B 与应计相关的理性定价系数检验

	似然率统计量	边际显著性水平
TAC：$\gamma_1=\gamma_1^*$	9.45	0.002
TAC，CFO：$\gamma_1=\gamma_1^*$ and $\gamma_2=\gamma_2^*$	13.39	0.001

① 本书的收敛标准为，$\hat{\sum}$ 矩阵变动小于0.0001。

由表4-8可知，现金流量的预测系数（γ_2 = 0.567）大于应计项目的预测系数（γ_1 = 0.454），$\gamma_1 = \gamma_2$的wald检验的P值为0.0068，说明前者的持续性在0.01置信度下高于后者持续性，验证了Sloan（1996）的结论。应计项目的定价系数（γ_2^* = 0.714）显著（$p < 0.002$）大于其预测系数，说明应计项目在抵消盈余中的应计信息后，仍对超额回报有贡献，即市场对应计信息的估计已经高于其自身价值。现金流量的定价系数0.659大于其预测系数0.567，但相比应计项目，差别较小。最后，边际显著性为0.001拒绝了现金流量和应计项目被理性定价的零假设。

4.8 套利检验

4.8.1 每年各应计组超额收益率

Mishkin检验揭示了A股市场高估应计项目的统计显著性。为检验应计项目的高估是否具有经济上的显著性，将所有样本按总应计大小分为10组，表4-9给出了1998—2006年各组的超额收益率及t值。

表4-9中的行代表各年的应计最低组到最高组的规模调整超额收益，除2003年和2006年各组套利为负之外，其余各组的套利均为正，说明绝大部分的应计策略都取得了正向收益，可能与股价同步性有关，后文有详尽分析和论述。

表4-9 每年各总应计等级组规模调整超额收益率以及t统计量

		最低	2	3	4	5	6	7	8	9	最高
1998	系数	0.037	-0.055	0.034	0.016	0.058	-0.046	-0.015	-0.063	0.098	-0.050
	t值	1.536	-2.216	1.114	0.567	2.049	-1.446	-0.573	-2.592	2.924	-2.307
1999	系数	0.045	0.043	0.031	-0.005	0.040	0.035	0.000	-0.038	-0.046	-0.086
	t值	3.325	3.515	2.538	-0.578	3.512	2.635	0.023	-3.447	-3.413	-7.667
2000	系数	0.000	-0.003	0.059	-0.011	-0.001	0.021	0.032	-0.035	-0.003	-0.050
	t值	-0.086	-0.521	8.898	-2.572	-0.197	3.212	5.258	-7.294	-0.502	-8.574

续表

		最低	2	3	4	5	6	7	8	9	最高
2001	系数	-0.007	0.024	0.004	0.021	0.013	-0.008	-0.006	0.002	-0.021	-0.018
	t值	-1.027	2.475	0.766	3.026	2.091	-1.387	-0.952	0.300	-4.622	-2.474
2002	系数	-0.019	0.039	0.040	0.028	-0.018	-0.030	-0.012	-0.011	0.003	-0.018
	t值	-2.146	5.361	5.099	4.095	-2.255	-5.346	-1.685	-1.355	0.376	-2.486
2003	系数	-0.039	0.015	0.01	0.038	-0.026	0.012	-0.035	-0.04	-0.022	-0.031
	t值	-4.646	1.526	1.158	4.694	-3.842	1.348	-5.351	-5.699	-2.978	-4.179
2004	系数	-0.024	-0.094	-0.056	-0.035	0.017	0.142	0.025	-0.044	-0.091	-0.075
	t值	-1.361	-7.029	-3.642	-1.915	1.235	6.619	1.162	-2.091	-6.709	-4.606
2005	系数	0.348	0.208	0.363	0.342	0.395	0.16	0.207	0.314	0.085	-0.111
	t值	6.138	3.841	5.087	5.547	4.908	1.887	3.67	5.054	1.392	-1.996
2006	系数	-0.038	-0.001	-0.074	-0.085	-0.014	-0.135	-0.103	-0.023	-0.022	0.016
	t值	-2.164	-0.096	-5.057	-5.386	-0.793	-6.744	-5.913	-0.976	-1.03	0.758

4.8.2 套利结果

本书采用买入最低应计公司投资组合、卖出最高应计公司投资组合策略进行套利，并检验各应计等级组买入后持有一年的超额收益率。各应计等级组超额收益率以及套利结果见表4-10，其变化趋势如图4-7所示。

表4-10　　各总应计等级组超额收益率

各等级组	最低	2	3	4	5	6	7	8	9	最高	套利
BHAR	0.041	0.038	-0.007	0.016	-0.005	0.009	-0.012	-0.016	-0.046	-0.037	0.078
t检验	3.06**	0.16	-1.63*	2.18**	-1.19	0.49	1.10	-1.33	-1.76*	-3.25**	4.46**

注：*和**分别表示通过显著性水平为5%和1%的双尾t检验。

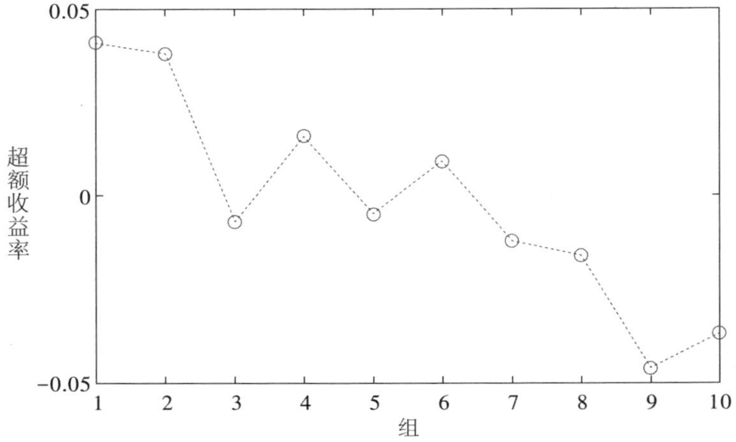

图4-7 各总应计等级组超额收益率变化趋势图

由表4-10和图4-7可知，应计大小未与各应计等级组的超额回报呈单调变化，但极端组（最低组和最高组）的应计错误估计现象显著（均可通过置信度为0.01的双尾t检验）。样本期间应计策略套利的平均规模调整超额收益率为7.80%（t=4.46）。这一结果远高于刘云中（2003）、李远鹏和牛建军（2007）3.2%左右的规模调整超额收益率，笔者认为这主要因为数据涵盖期间不同①。采用前述的BHAR算法，分别检验样本期间为1998—2000年和1998—2002年的A股上市公司数据，得出的平均规模调整超额收益率分别为2.39%和2.34%，与前两篇文献结果接近，但仍存在不同，本书认为可能是BHAR的计算方法不同所导致的②。

4.8.3 各年套利结果分析

图4-8和图4-9分别表示我国A股市场和美国股市的各年应计策略套利的规模调整超额收益率。可以看出，与美国的稳定应计策略套利结果相比，我国各年度的套利超额回报波动较大。其中，2005年的超额

① 刘云中（2003）的样本期间为A股上市公司1998—2000年。李远鹏和牛建军（2007）的样本期间为A股上市公司1998—2002年。

② 与本书不同，刘云中（2003）采用对数差分法计算股票收益率，即$r_t=\ln(p_t/p_{t-1})$，其中，P_t为t日的考虑送配股和红利的复权之后的交易价格，p_{t-1}为t-1日的考虑送配股和红利的复权之后的交易价格。李远鹏和牛建军（2007）未写明BHAR的具体计算方法，但该文的数据也来自CSMAR数据库，本书由此推测。

收益率显著高于其他年份，2006年的超额收益率为3.43%，导致样本期间的应计策略平均套利结果显著高于样本期间为2005年以前的文献。进一步对该年各组超额收益率进行比对（见表4-9），发现大部分应计组的套利收益为正，仅最高应计组的套利回报显著为负。2005年套利策略的买卖期间为2006年5月第一个交易日至2007年4月最后一个交易日，此一年期间我国股市正处于大牛市，投资者在此期间买入卖出股票普遍会获得正向收益，说明该期间A股市场可能存在同步性。

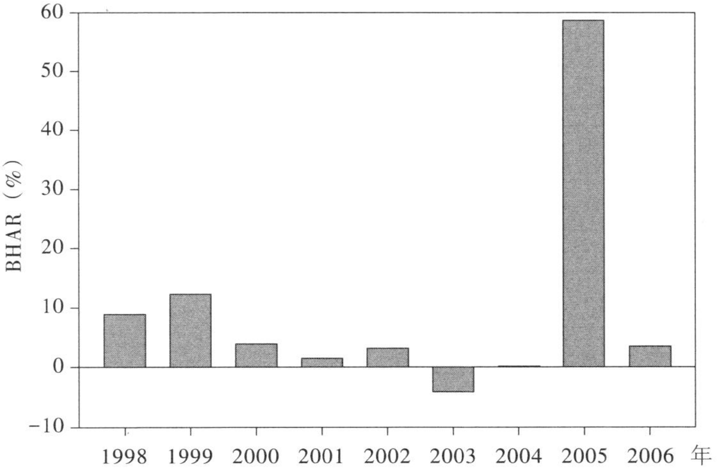

图4-8　中国A股市场各年总应计策略套利结果

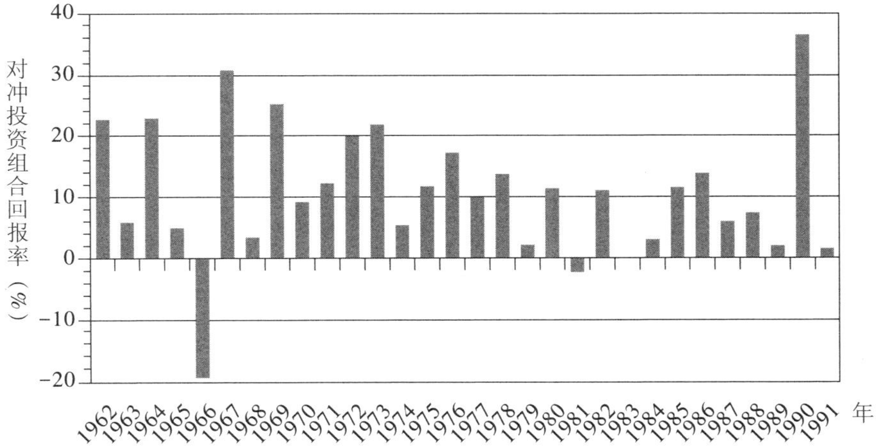

图4-9　美国各年总应计策略套利结果（截取自Sloan（1996））

图4-8所示的数据分布趋势与樊行健、刘浩和郭文博（2009）的实证结果比较接近，该文所显示的2005年的套利超额收益率为60.38%。综上，从整个样本期间看，我国A股市场存在一定程度的应计错误定价，但是各年结果并不稳定，需要稳健性检验的进一步验证。

4.9 稳健性检验

4.9.1 盈利样本检验

盈利样本每年各总应计等级组规模调整超额收益率以及t统计量见表4-11。

表4-11 每年各总应计等级组规模调整超额收益率以及t统计量（盈利样本）

		最低	2	3	4	5	6	7	8	9	最高
1998	系数	0.094	−0.024	−0.073	0.010	−0.069	−0.166	0.217	0.021	−0.024	0.108
	t值	3.070	−0.932	−3.001	0.340	−3.094	−8.449	5.156	0.645	−0.773	4.025
1999	系数	0.079	0.030	0.022	0.047	0.034	−0.018	0.003	−0.042	−0.085	−0.090
	t值	5.871	2.462	2.038	3.554	2.939	−1.399	0.179	−3.349	−7.566	−7.370
2000	系数	0.002	0.034	0.018	0.001	0.004	0.005	0.007	0.002	−0.019	−0.048
	t值	0.384	7.781	3.252	0.249	0.820	1.087	1.017	0.271	−3.106	−7.826
2001	系数	0.052	0.004	0.020	0.011	−0.019	0.027	−0.020	−0.020	−0.006	0.002
	t值	5.368	0.614	3.471	1.712	−3.088	3.976	−2.719	−3.341	−1.071	0.304
2002	系数	0.070	0.060	0.032	0.036	−0.055	−0.026	−0.021	0.003	−0.009	−0.029
	t值	7.224	7.913	4.627	3.925	−6.616	−3.406	−2.790	0.384	−1.032	−3.593
2003	系数	0.060	0.036	0.043	0.015	0.014	−0.021	−0.017	−0.053	0.011	0.011
	t值	5.592	4.157	4.472	2.060	1.934	−2.671	−2.285	−9.266	1.361	1.500
2004	系数	0.001	−0.026	−0.045	0.056	0.015	0.129	0.039	0.017	0.036	0.011
	t值	0.060	−1.794	−2.915	3.876	0.926	5.093	2.328	0.963	1.861	0.743
2005	系数	0.022	−0.175	−0.206	0.175	−0.104	−0.147	0.059	−0.109	−0.169	−0.410
	t值	0.548	−4.272	−5.018	3.473	−2.482	−2.885	1.183	−1.909	−3.760	−5.197
2006	系数	0.103	0.071	−0.056	0.018	−0.005	0.064	0.000	−0.052	−0.038	−0.021
	t值	7.125	4.782	−5.605	1.185	−0.397	3.205	0.016	−4.321	−2.853	−1.554

采用买入最低应计公司投资组合、卖出最高应计公司投资组合策略进行套利，并检验各应计等级组买入后持有一年的超额收益率。各盈利样本应计等级组超额收益率以及套利结果见表4-12，其变化趋势如图4-10所示。

表4-12　　**各总应计等级组超额收益率（盈利样本）**

各等级组	最低	2	3	4	5	6	7	8	9	最高	套利
BHAR	0.054	0.041	-0.027	0.001	-0.021	-0.017	0.010	-0.026	-0.034	-0.052	0.105
t检验	2.50**	0.88	-2.98**	2.60**	-1.38	-0.78	2.16**	-2.87**	-2.03**	-3.02**	4.12**

注：*和**分别表示通过显著性水平为5%和1%的双尾t检验。

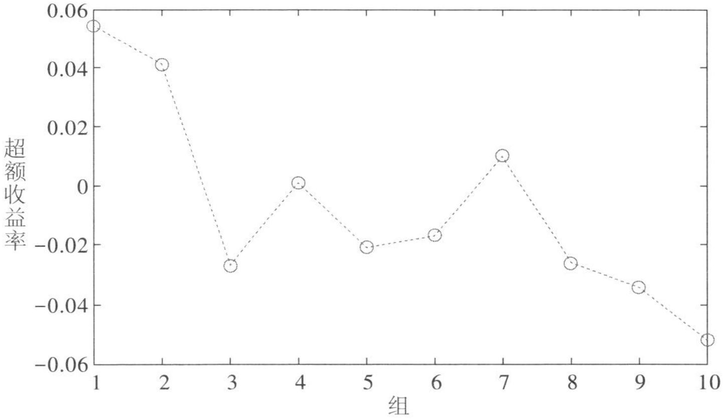

图4-10　各总应计等级组超额收益率变化趋势图（盈利样本）

由表4-12可知，盈利样本应计的套利回报为10.5%（t=4.12，p<0.001），验证了全样本应计模型套利结果的稳健性。由图4-11可知，两模型各年非正常应计套利超额回报的趋势类似。盈利样本（profit sample）的套利结果相对于全样本模型（full sample）分布得更平均，但是都存在2005年套利相对于其他年过高的情况，结合2006—2007年中国股票市场处于牛市的基本事实，本书推测2005年套利过高的原因是股价波动同步性，个股都受到大盘（包括本书选择的应计最高组和应计最低组）走势的影响，获得了比其他年份更多的超额利润。

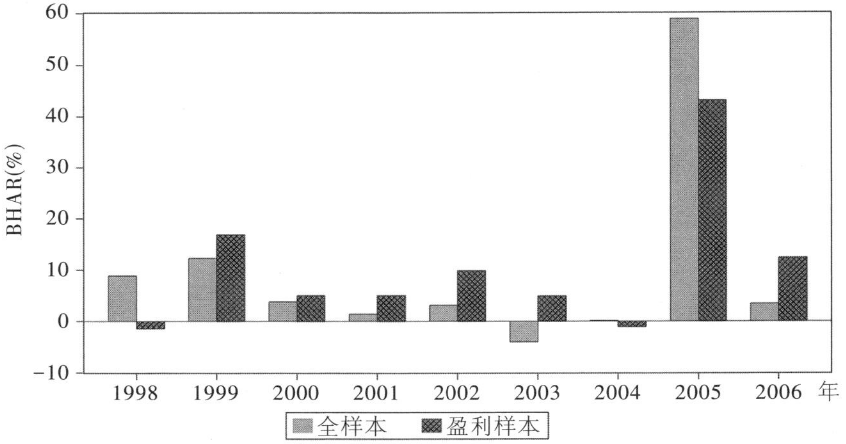

图4-11 各年总应计策略套利结果比较

第7章对于股价波动性对套利结果的影响作了专门的讨论，去除股价同步性的影响之后，重新计算规模调整超额收益率进行全样本套利，结果如图7-4所示。说明提出了股价同步性的影响以后2005年的套利结果不再显著高于其他各年，验证了本书的推测以及套利策略的稳健性。

4.9.2 Fama-French（1993）三因素模型估计极端应计组超额收益率

Fama和French（1992）对美国股票市场决定股票回报率差异的因素进行研究发现，股票市场的β值不能解释不同股票回报率的差异，而市盈率、账面市值比和上市公司的市值可以解释股票回报率的差异。Fama和French（1993）指出，这些能解释股票回报率差异的因素间具有很强的相关性，可以建立一个三因子模型来解释股票回报率。模型认为，一个投资组合（包括单个股票）的超额回报率可由它对三个因子的暴露（exposure）来解释这三个因子：市场资产组合（R_m-R_f）、市值因子（SMB）、账面市值比因子（HML）。结合应计套利策略，本书使用Fama-French（1993）三因素模型估计极端应计组超额收益率，模型如下：

$$R_{\rho\tau} - R_{f\tau} = \alpha_0 + \beta_1(R_{m\tau} - R_{f\tau}) + \beta_2 SMB_\tau + \beta_3 HML_\tau + \varepsilon_{\rho\tau} \tag{4.26}$$

其中$R_{\rho\tau}$表示投资组合ρ在τ月的股票收益，$R_{f\tau}$表示τ月的无风险回报率，$R_{m\tau}$表示τ月的市场回报率，SMB_τ表示τ月的市值因子的模拟组合收益率，HML_τ表示τ月的账面市值比因子的模拟组合收益率。

1）具体步骤

（1）按公司和年度将现金流量表、利润表和资产负债表合并（只保留年末数，剔除年初数）。剔除B股数据，按月将月市场回报、月个股回报和综合月市场回报合并。

（2）以个股第t-1年12月31日的权益账面价值与市场价值的比值（BM）和第t年4月30日的市场价值（SIZE）为分组标准，对第t年5月至第t+1年4月期间的公司的月数据进行分组。

（3）分组方法如下：首先，按SIZE大小平均分为两组（Sm组，Bi组）；其次，按BM从小到大分三组，即前30%（Gr组），中间40%（Ne组），后30%（Va组），共形成六个组，即Sm Gr组，Sm Ne组，Sm Va组，Bi Gr组，Bi Ne组，Bi Va组。个股的市场价值是指月个股总市值。若BM和SIZE为缺失值或负值，则予以删除。

（4）以个股第t年4月30日的相对市场价值为权重（个股的市场价值与组内个股市场价值总和的比），对第t年5月至第t+1年4月期间内个股的月回报进行加权平均，从而求得每个组的月回报。个股的月回报是指考虑现金红利再投资的月个股回报率（Mretwd）。

（5）以每个组的月回报为依据，计算每个月的SMB和HML值。具体计算公式如下：

$$SMB = 1/3(SmVa + Sm\,Ne + Sm\,Gr) - 1/3(Bi\,Va + Bi\,Ne + Bi\,Gr) \tag{4.27}$$

$$HML = 1/2(Sm\,Va + Bi\,Va) - 1/2(Sm\,Gr + Bi\,Gr) \tag{4.28}$$

（6）以市场回报减去无风险回报，即得到超额市场回报（$R_m - R_f$）。市场回报为考虑现金红利再投资的综合月市场回报率（总市值加权平均法）。

（7）计算12个月的每个应计组的投资组合ρ在τ月的股票收益$R_{\rho\tau}$，这样就得到了216个应计组月平均收益率。将其代入方程（4.26），截距项α_0代表了t+1年各个应计组的超额平均月收益。

（8）年超额回报 =（最高组α_0 - 最低组α_0）× 12

2）结果分析

由表4-13可知，Fama-French模型估计各总应计等级组超额收益率（全样本）的年超额回报为（0.065-（-0.002））×100%=6.7%，与表4-10的应计套利策略所得的结果（7.8%，t=4.46）基本一致。由表4-14可知，Fama-French模型估计各总应计等级组超额收益率（盈利样本）的年超额回报为（0.073-（-0.001））×100%=7.4%，以上结果与Xie（2001）分析美国股票数据所得的结果基本一致，再次证明了应计套利策略得出结果的可靠性和准确性。

表4-13 Fama-French模型估计各总应计等级组超额收益率（全样本）

各等级组	最低	2	3	4	5	6	7	8	9	最高
BHAR	-0.002	-0.010	0.019	0.007	0.000	0.007	-0.005	-0.006	0.019	0.065
t检验	-2.05**	-0.34	0.66	0.22	0.00	0.24	-0.15	-0.19	0.59	2.12**

表4-14 Fama-French模型估计各总应计等级组超额收益率（盈利样本）

各等级组	最低	2	3	4	5	6	7	8	9	最高
BHAR	-0.001	-0.012	0.023	0.008	0.005	0.008	-0.003	-0.004	0.021	0.073
t检验	-2.36**	-0.56	0.53	0.32	0.50	0.30	-0.17	-0.21	0.65	2.05**

4.10 新准则应计错误定价与盈余持续性再检验

2007年1月1日中国上市公司全面执行与国际财务报告准则实质趋同的新准则。新会计准则对收益计量的理论方法由收入费用观转向了资产负债观，并引入了当前国际流行的“公允价值”计量模式。与传统会计的各种计量方法相比，“公允价值”是一种面向现在及未来的计量模式，使得新会计准则下的会计信息更具相关性，而某种程度地削弱了稳健性。随着经济科技的发展，企业资源计划（enterprise resource planning，ERP）在企业中广泛应用，会计的职能发生了转变，为投资者提供更加相关、可靠的信息需求成为当前会计目标的重要内容之一。

由于计量模式、收益计量观的转变，新准则下应计项目的计量随之变化，进而对应计项目的市场定价产生影响。当然，随着我国经济的稳健发展，资本市场发生了巨大变化。因此，有必要对新准则下我国应计错误定价的存在性进行再检验。新准则下的检验，本书选取了2007—2019年中国A股上市公司数据作为旧准则数据期间的对比研究样本(后文同，不再赘述)。根据本章4.3节的筛选选择，本书得到新准则数据期间23 658家公司的年数据，具体筛选过程见表4-15。所有数据均来自国泰安CSMAR数据库。

表4-15　　新准则2007—2019年样本筛选过程及结果

样本筛选过程	N
中国A股上市公司2007—2019年数据	27 647
剔除:	
计算应计表征变量所需会计数据不全的样本数	(659)
计算规模调整超额回报率所需的股票回报率不全的样本数	(3 330)
最终样本数	23 658

4.10.1　统计描述

按照表4-2的分组方式，新准则2007—2019年盈余及其组成部分的统计特征见表4-16。当应计项目从最低组均值（中位数）-0.404（-0.087）到最高组均值（中位数）-0.135（-0.059）时，现金流量均值（中位数）从-0.059（-0.040）到-0.037（-0.021），都呈现了先升高后降低的倒U形曲线。与旧准则数据不同，说明新准则下应计项目与现金流量呈相似变化趋势。与旧准则数据特点相同，会计盈余与应计项目存在近似变化趋势，会计盈余均值（中位数）在应计最低组为-0.023（-0.006），在应计最高组为-0.014（0.001）。

表4-16 新准则2007—2019年盈余及其组成部分的统计特征

变量	统计量	最低	2	3	4	5	6	7	8	9	最高
TAC	均值	-0.404	-0.153	0.516	0.155	0.112	0.016	0.106	-0.028	-0.510	-0.135
	中位数	-0.087	-0.083	0.118	0.112	0.031	0.026	0.033	-0.029	-0.120	-0.059
CFO	均值	-0.059	-0.058	0.094	0.086	0.035	0.025	0.046	-0.024	-0.105	-0.037
	中位数	-0.040	-0.039	0.078	0.071	0.039	0.031	0.016	-0.019	-0.055	-0.021
Earnings	均值	-0.023	-0.023	0.063	0.054	0.041	0.029	0.019	-0.009	-0.042	-0.014
	中位数	-0.006	-0.007	0.050	0.040	0.044	0.033	0.053	-0.008	-0.059	0.001
NAC	均值	0.011	0.009	0.035	0.026	0.046	0.035	0.063	-0.001	-0.052	0.010
	中位数	0.033	0.030	0.019	0.011	0.052	0.041	0.054	0.003	-0.021	0.028
ABNAC	均值	0.068	0.063	-0.008	-0.018	0.060	0.047	0.085	0.006	-0.017	0.057
	中位数	1.233	0.151	-0.670	-0.086	0.563	0.061	0.275	0.017	0.959	0.130

4.10.2 盈余持续性再检验

1）新准则下盈余的自回归模型再检验

由表4-17可知，新准则样本期间盈余自回归模型方程（4.9）统计检验显著，说明我国仍存在会计盈余持续性。

表4-17 新准则2007—2019年方程（4.9）回归结果

	Coefficient	Std.Error	t-Statistic	Prob
α_0	0.046249	0.002577	17.94361	0.0000
α_1	0.006384	0.000616	10.36512	0.0000
R-squared	0.003869	Mean dependent var		0.046832
Adjusted R-squared	0.003833	S.D.dependent var		0.429414
S.E.of regression	0.428590	Akaike info criterion		1.143441
Sum squared resid	5081.221	Schwarz criterion		1.144036
Log likelihood	-15814.08	Hannan-Quinn criter.		1.143633
F-statistic	107.4358	Durbin-Watson stat		1.886649
Prob（F-statistic）	0.000000			

2）新准则下Sloan（1996）盈余回归模型再检验

由表4-18可知，新准则样本期间方程（4.10）统计检验显著，说明我国应计盈余与现金盈余仍存在持续性。

表4-18　　新准则2007—2019年方程（4.10）回归结果

	Coefficient	Std.Error	t-Statistic	Prob
r_0	0.045905	0.002576	17.81956	0.0000
r_1	0.008809	0.000720	12.23068	0.0000
r_2	0.012098	0.001075	11.25241	0.0000
R-squared	0.005380	Mean dependent var		0.046832
Adjusted R-squared	0.005308	S.D.dependent var		0.429414
S.E.of regression	0.428273	Akaike info criterion		1.141996
Sum squared resid	5 073.514	Schwarz criterion		1.142888
Log likelihood	-15 793.08	Hannan-Quinn criter.		1.142283
F-statistic	74.80598	Durbin-Watson stat		1.895758
Prob（F-statistic）	0.000000			

由表4-19可知，r_1统计上显著不同于r_2，说明新准则下我国A股市场非金融企业的应计盈余持续性低于现金盈余持续性。

表4-19　　新准则2007—2019年r_1=r_2的Wald检验

Test Statistic	Value	df	Probability
F-statistic	42.01689	（1，27661）	0.0000
Chi-square	42.01689	1	0.0000
Null Hypothesis Summary:			
Normalized Restriction（=0）		Value	Std.Err.
r_1-r_2		-0.003289	0.000507

4.10.3 应计套利再检验

由表4-20可知，新准则下2007—2019年全样本应计策略套利的平均规模超额收益率为3.1%（t=8.73），小于旧准则下1998—2006年的应计策略套利的平均规模超额收益率7.80%。新准则2007-2019年各总应计等级组超额收益率变化趋势如图4-12所示。

表4-20 **新准则2007—2019年各总应计等级组超额收益率**

各等级组	最低	2	3	4	5	6	7	8	9	最高	套利
BHAR	0.088	0.111	0.108	0.115	0.106	0.099	0.086	0.081	0.073	0.057	0.031
t检验	7.68**	9.54**	9.261**	9.49**	9.06**	8.27**	7.29**	7.24**	6.77**	4.61**	8.73**

注：*和**分别表示通过显著性水平为5%和1%的双尾t检验。

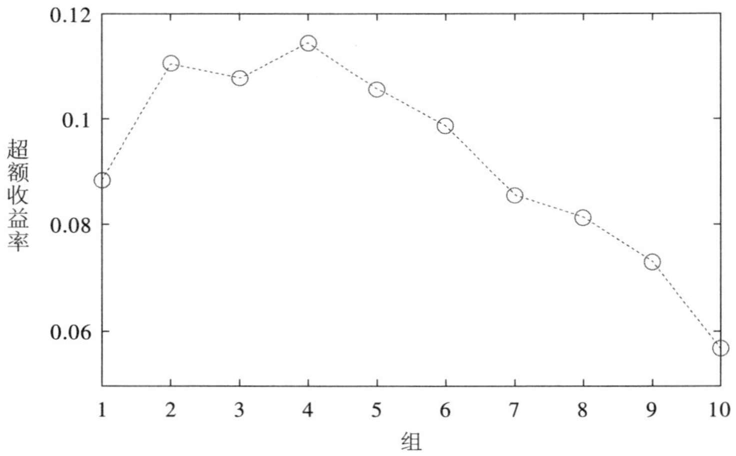

图4-12 新准则2007—2019年各总应计等级组超额收益率变化趋势图

4.10.4 稳健性检验

由表4-20和表4-21可知，新准则下2007—2019年盈利样本应计策略套利的平均规模超额收益率为4.25%（t=11.35），与同数据期间的全样本应计策略套利的平均规模超额收益率相近。盈利样本新准则2007—2019年各总应计等级组超额收益率变化趋势如图4-13所示。

表4-21 **新准则2007—2019年各总应计等级组超额收益率（盈利样本）**

各等级组	最低	2	3	4	5	6	7	8	9	最高	套利
BHAR	0.100	0.107	0.111	0.104	0.098	0.099	0.084	0.082	0.066	0.575	0.0425
t检验	8.16**	8.98**	8.47**	9.06**	7.89**	7.53**	6.79**	6.56**	5.86**	4.37**	11.35**

注：*和**分别表示通过显著性水平为5%和1%的双尾t检验。

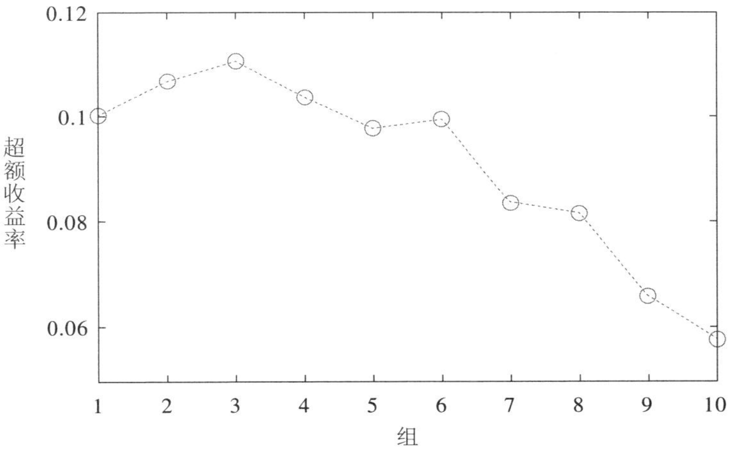

图4-13 新准则2007—2019年各总应计等级组超额收益率变化趋势图（盈利样本）

4.11 本章小结

将持续性与市场定价结合起来，Sloan（1996）发现美国市场应计项目与股票回报存在负相关关系，并提出应计错误定价的持续观。此后，许多学者对不同层次、不同地区的应计错误定价进行研究，验证了Sloan（1996）的结论。刘云中（2003）首次对我国应计错误定价的存在性进行研究，发现应计策略套利仅能获得3.2%的超额回报。此后，有学者对我国此类问题进行研究，但是对于应计错误定价的存在与否仍存在很大争议。

应计项目作为应计制会计的核心变量，其自身性质具有一定的不稳定性，加之某些应计项目的计量需要会计人员的职业判断，往往为企业管理者提供了管理应计以满足个人利益或是为更好表达企业经营状况的空间。这导致了应计盈余持续性低于现金盈余持续性的可能性。持续观认为，投资者未捕捉到应计盈余的这种低持续性特征，而功能锁定会计盈余，从而高估了应计盈余高的公司，低估了应计盈余低的公司。

应计项目的会计学含义导致了它的不稳定性和易操纵性质，在我国会计体系中亦适用。赵宇龙和王志台（1998）发现我国存在功能锁定现象。基于此，本书选取1998—2006年我国A股非金融行业上市公司数据为研究样本，进行Mishkin和套利双重检验。结果发现：我国A股市场非金融企业的现金流量持续性高于应计持续性。应计投资策略下，极端应计投资组合获得较高超额收益率（7.8%）。由图4-1可知，应计盈余存在反转现象，对于应计盈余的高估，说明投资者未能识别应计盈余反转的特性，我国A股市场在样本期间存在一定程度的总应计错误定价。

李远鹏和牛建军（2007）提出，我国亏损公司存在“洗大澡”可能，剔除亏损样本后，套利检验结果显著增加。本书对盈利样本检验，应计套利结果显著为10.5%，验证了李远鹏和牛建军（2007）的结论。为检验结论的稳健性，本书采用了Fama-French（1993）三因素模型对全样本和盈利样本分别进行回归检验，套利结果显著为6.7%和7.4%，验证了套利检验结果。

本章对新准则下2007—2019年的对比研究样本进行检验，发现全样本应计策略套利的平均规模超额收益率为3.1%，较旧准则数据期间应计策略套利的平均超额收益率有所下降。

5 非正常应计错误定价与盈余持续性

5.1 引言

Xie（2001）对美国1971—1992年的公司数据进行检验，发现采用非正常应计套利策略可获得11%的超常回报率，与Sloan（1996）的应计策略套利收益相当，但结论不支持市场对正常应计错误定价。因此，Xie（2001）认为应计错误定价主要源自市场对可操纵应计的错误定价。目前，我国文献主要采用Dechow（1994）和Subramanyam（1996）的自相关和横截面相关的线性回归模型检验市场是否对非正常应计定价。Haw，Qi和Wu（2001）对1995—1998年中国上市公司的应计项目和现金流量的相关性进行检验，发现非正常应计在正常应计和现金流量的基础上提供了增量信息，市场对非正常应计定价。陈汉文和郑鑫成（2004）对我国一些公司1998—2001年的数据进行检验，发现市场对非正常应计定价，非正常应计与未来获利能力正相关，但这并不能说明市场理性定价非正常应计。Pincus、Rajgopal和Venkatachalam（2007）以及Chan、Chan和Jegadeesh等（2006）发现应计错误定价与盈余管理显著相关。大量文献表明我国上市公司存在盈余管理行为（Aharony，Lee和Wong，2000；Chen和Yuan，2004；陆建桥，1999；吴联生、薄仙慧和王亚平，2007）。因此，在第4章发现我国存在一定程度的应计错误定价的基础上，有必要对盈余管理的表征变量非正常应计的定价问题进行深入研究，以检验市场是否对非正常应计存在错误定价。

5.2 假设的提出

应计的反转性质及其核算的主观性，使得其在未来保持稳定水平的能力低于现金流量，即应计盈余持续性低于现金盈余持续性。在此基础上，第4章检验并证明了我国市场功能锁定盈余、高估盈余的应计组成部分。按照是否易被操纵，应计分为正常应计和非正常应计两部分。相对正常应计，表示被操纵的非正常应计部分由于人为因素，在未来波动性往往较大。在此基础上，美国、日本、新西兰、中国台湾等国家或地区先后发现其市场对非正常应计存在过度反应（Xie，2001；Muramiya、Otogawa和Takada，2007；Koerniad和Tourani-Rad，2007；Kao，2007）。此外，经验证据表明我国存在盈余管理，且相当部分的盈余管理是通过操纵应计实现的。据此，提出如下假设：

H1：我国现金流量持续性大于非正常应计持续性，正常应计持续性大于非正常应计的持续性；

H2：买入非正常应计低的股票，卖出非正常应计高的股票，可获得超额回报。

5.3 模型选择

5.3.1 DeAngelo模型

DeAngelo（1986）对公共股东的管理收购所导致的利益冲突感兴趣。她假设，当公司致力于股东利益的管理收购时，管理者会运用基于应计项目的管理裁断系统低估净收益。通过降低盈余，管理者将取得较低的购买已发行股票的价格。她调查了1973—1982年纽约和美国股票交易所64家提出管理收购公司的会计决策，发现提出管理收购公司的企业盈余被系统地低估。

为了验证假设，DeAngelo检验管理收购前期平均非正常应计是否显著为负。在DeAngelo（1986）模型中，前t-k期总应计用来计量“正常”总应计。非正常总应计被定义为本期总应计与估计出的正常总应计之差。公式为：

$$\Delta TA_{it} = TA_{it} - TA_{it-k} = (DA_{it} - DA_{it-k}) + (NA_{it} - NA_{it-k}) \tag{5.1}$$

其中，TA_{it}表示i公司t年总应计；DA_{it}表示i公司t年非正常应计；NA_{it}表示i公司t年正常应计；TA_{it-k}表示i公司t-k年总应计；DA_{it-k}表示i公司t-k年非正常应计；NA_{it-k}表示i公司t-k年正常应计。模型假设正常应计的平均变动（$NA_{it} - NA_{it-k}$）近似为零，因此总应计变化量（$TA_{it} - TA_{it-k}$）主要来自非正常应计（$DA_{it} - DA_{it-k}$）。

5.3.2 Jones模型

Jones（1991）检验在美国国际贸易委员会（ITC）进行进口救济调查期间，公司是否通过盈余管理降低盈余以从进口救济中获利（如增加关税和削减配额）。ITC在决定是否提供进口救济时，考虑的一个因素是公司的盈余业绩是否因救济供给而改善。这为管理者向下管理盈余以增加获得进口救济的可能性或增加进口救济数额提供了动机。

Jones（1991）以DeAngelo（1986）提出的模型为基础，提高了DeAngelo（1986）估计非正常应计的水平。DeAngelo（1986）模型假设各期间正常应计为常数，因此本年与以前年度应计项目的差别完全来自非正常应计的变动。放松了这一假设，Jones模型控制了由经济环境改变而引起的正常应计的变动，即包含销售收入的变动（ΔREV）和固定资产（PPE）。

因此Jones（1991）提出时间序列模型，把销售收入的变动和固定资产原值对不可操控性应计的影响加入模型中，不再受制于不可操控性应计固定不变的假设中。其认为销售收入变动是进行盈余操纵前，最能客观衡量公司营运状况的指标，因此可以作为经济成长的控制变量，而财产、厂房和设备，即固定资产可以作为折旧费用的代理变量。

Xie（2001）运用Jones（1991）模型估计出非正常应计，发现市场高估非正常应计持续性，而结果高估了这部分应计，即市场没有区分本期盈余的各组成部分及其对未来盈余的影响，未能正确定价非正常应计。这可能是由于市场对盈余的组成部分无效，或是用来检验应计错误定价的模型描述错误。相关研究广泛认为公司通过非正常应计管理盈余，如果市场半强势有效，这些非正常应计与正常应计应该被不同定价。

5.3.3 分行业的横截面Jones模型

Subramanyam（1996）以及Bartov、Gul和Tsui（2000）根据美国市场的研究成果指出横截面Jones模型比时间序列模型更能有效揭示公司的盈余管理。Bartov、Gul和Tsui（2001）的实证研究结果还表明横截面Jones模型优于DeAngelo（1986）模型、Healy（1985）模型以及行业模型，具体为：

$$NAC_t/TA_{t-1} = \alpha_1(1/TA_{t-1}) + \alpha_2(\Delta REV_t/TA_{t-1}) + \alpha_3(PPE_t/TA_{t-1}) \tag{5.2}$$

$$ABNAC_t/TA_{t-1} = (TAC_t/TA_{t-1}) - (NDAC_t/TA_{t-1}) \tag{5.3}$$

其中，TA_{t-1}表示t-1年年末总资产；TAC_t表示t年年末的总应计利润；NAC_t表示t年年末的正常应计利润；$ABNAC_t$表示t年年末的非正常应计利润；ΔREV_t表示t年主营业务收入与t-1年主营业务收入的差额；PPE_t表示t年年末固定资产原值；α_1、α_2和α_3是行业特征回归系数。这些行业特征回归系数的估计值可根据方程，运用不同行业分组的数据进行回归得到。

$$ENAC_t/TA_{t-1} = \alpha_1^*(1/TA_{t-1}) + \alpha_2^*(\Delta REV_t/TA_{t-1}) + \alpha_3^*(PPE_t/TA_{t-1}) + \varepsilon_i^* \tag{5.4}$$

其中，α_1^*、α_2^*和α_3^*是α_1、α_2和α_3的分行业最小二乘估计量，$ENAC_t$是某一行业中某公司t年年末的正常应计利润。ε_i^*为残差项，表示各公司总应计利润中非正常应计部分，其他与方程（5.2）相同。

夏立军（2003）指出“横截面模型要求样本公司在同行业中没有显著差异，时间序列模型要求上市公司具有较长的时间序列数据”。根据我国资本市场现状，使用时间序列模型不大合适。原因如下：首先，我国资本市场发展的时间相对西方成熟资本市场还较短，一般公司上市时间不到十年，不满足时间序列模型的统计要求；其次，时间序列模型要求样本在估计期间没有系统性的盈余管理，而蒋义宏和魏刚（1998）的实证研究表明"中国资本市场上市公司普遍存在盈余管理现象"，无法满足时间序列模型要求。因此，本书选取基本的横截面Jones模型，将第4章总应计变量分为正常应计和非正常应计。

5.4 统计描述

5.4.1 样本各行业分布特征

在第4章样本数据的基础上，根据计算非正常应计额外所需会计数据的缺失情况，对研究样本数据进一步筛选，筛选后得到7 300个公司年度数据，具体过程见表5-1。

表5-1 样本筛选过程及结果

样本筛选过程	N
中国A股非金融上市公司1998—2006年可用样本数（见4.3节）	8 890
剔除：	
t年主营业务收入数据不全的样本数	（534）
t年、t-1年固定资产原价数据不全的样本数	（736）
t年、t-1年应收账款数据不全的样本数	（320）
最终样本数	7 300

上市公司的行业类型援引证监会2001年的《上市公司行业分类指引》，该指引以上市公司最近年度经审计后的营业收入为分类标准，具有较好的科学性和权威性。我们将所有上市公司按证监会公布的分类结果分为21类，由于制造业公司数量较多，取两位代码（C0—C9）分类，其他行业取一位进行代码分类。样本公司在各行业的分布见表5-2（不

包括金融保险业，代码为I)。数据均来自国泰安CSMAR数据库。

表5-2 **各行业样本分布状况**

行业代码	行业名称	样本数
A	农、林、牧、渔业	153
B	采掘业	88
C0	食品、饮料	317
C1	纺织、服装、毛皮	289
C2	家具业	12
C3	造纸、印刷	135
C4	石油、化学、塑胶、塑料	820
C5	电子	210
C6	金属、非金属	638
C7	机械、设备、仪表	1 148
C8	医药、生物物品	439
C9	其他制造业	77
D	电力、煤气及水的生产和供应	301
E	建筑业	116
F	交通运输、仓储业	253
G	信息技术业	467
H	批发和零售贸易	641
J	房地产业	294
K	社会服务业	242
L	传播与文化产业	65
M	综合类	595
总计		7 300

5.4.2 统计特征

表5-3列出了由Jones模型中估计出的正常性应计利润，以及上述检验模型中自变量的描述性统计数据。

表5-3 盈余及其组成部分的描述性统计

变量	标准差	均值	中位数	25%分位数	75%分位数
$Earning_t$	0.095	0.034	0.010	0.035	0.066
CFO_t	0.113	0.053	0.004	0.049	0.103
TAC_t	0.128	-0.019	-0.071	-0.021	0.029
$ABNAC_t$	0.116	0.003	-0.045	0.005	0.052
NAC_t	0.057	-0.022	-0.048	-0.026	0.002
$BHAR_t$	0.506	0.010	-0.186	-0.047	0.113

为了避免异方差情况的干扰（Dent和Collins，1984），本书将总应计、盈余和现金流量同时除以一个标准化因子，在此我们选择期初总资产。表5-3提供了变量的描述统计和相关系数统计结果，即期初总资产标准化后的盈余各组成部分的描述性统计。可以看出总应计TAC_t的均值为负，这主要来自摊销和折旧。分行业截面回归的非正常应计$ABNAC_t$均值为0.003，中位数为-0.045。由于非正常应计是Jones模型（方程（5.2））的回归残差，其均值理论上应该为0，这表明分行业截面回归后的非正常应计能更好地体现盈余管理对应计的影响。

表5-4列出了各变量之间的相关系数统计结果。盈余$Earning_t$与总应计TAC_t和现金流量CFO_t均正相关，总应计和现金流量的Pearson相关系数为-0.689，其负相关性大于国外文献Barth（2001）所报告的-0.58，但是小于国内文献林翔、陈汉文（2005）所报告的-0.86，可能是由于研究的会计期间不同所致。正常应计NAC_t与非正常应计$ABNAC_t$的Spearman相关系数为-0.120，与Xie（2001）的研究结果一致，且在0.1%的置信水平上显著，并与应计显著正相关。

表5-4　　盈余及其组成部分的相关性检验结果

	$Earning_t$	CFO_t	TAC_t	$ABNAC_t$	NAC_t
$Earning_t$		0.254 (0.000)	0.523 (0.000)	0.445 (0.000)	0.267 (0.000)
CFO_t	0.346 (0.000)		−0.692 (0.000)	−0.639 (0.000)	−0.252 (0.000)
TAC_t	0.301 (0.000)	−0.689 (0.000)		0.896 (0.000)	0.421 (0.000)
$ABNAC_t$	0.222 (0.000)	−0.589 (0.000)	0.834 (0.000)		−0.026 (0.016)
NAC_t	0.198 (0.000)	−0.236 (0.000)	0.361 (0.000)	−0.120 (0.000)	

注：对角线上方为Pearson相关系数，下方为Spearman相关系数，括号中为P值。

5.5 盈余持续性

5.5.1 最小二乘回归分析

$$Earnings_{t+1} = \gamma_0 + \gamma_1 CFO_t + \gamma_2 NAC_t + \gamma_3 ABNAC_t + u_{t+1} \quad (5.5)$$

将方程（4.10）中的$Accruals_t$分解为正常应计NAC_t和非正常应计$ABNAC_t$两部分，从而得到方程（5.5），再次进行回归检验。结果见表5-5。

表5-5　　方程（5.5）的回归结果

	Coefficient	Std.Error	t-Statistic	Prob.
γ_0	0.007690	0.001204	6.386777	0.0000
γ_1	0.535456	0.013849	38.66390	0.0000
γ_2	0.484494	0.020386	23.76605	0.0000
γ_3	0.424764	0.013267	32.01764	0.0000
R-squared	0.198457	Mean dependent var		0.026938
Adjusted R-squared	0.198083	S.D.dependent var		0.087228
S.E.of regression	0.078113	Akaike info criterion		−2.260705
Sum squared resid	39.19060	Schwarz criterion		−2.256492
F-statistic	530.0991	Durbin-Watson stat		2.002152
Prob.（F-statistic）	0.000000			

方程（5.5）对于方程（4.10）的回归统计结果中调整后的样本决定系数（Adj-R^2）增大，残差的平方和减小，说明分解以后方程的解释能力增强。由表5-5可知，方程（5.5）的F检验的相伴概率为0.000000，反映变量间呈高度线性，回归方程显著。各项系数γ_0、γ_1、γ_2和γ_3的T检验的相伴概率为0.0000，说明方程（5.5）中各个自变量都是显著的。

5.5.2 回归系数关系检验

为了进一步检验正常应计NAC_t的系数γ_2与非正常应计$ABNAC_t$的系数γ_3的大小关系，进行$\gamma_2=\gamma_3$的Wald检验。

白表5-6可知，方程（5.5）在0.005的置信度下，可以拒绝$\gamma_2=\gamma_3$的原假设，说明正常应计系数γ_2与非正常应计系数γ_3在统计上显著不同。由$\gamma_2-\gamma_3=0.060$（标准差为0.020331），可以推出，$\gamma_2=0.484>\gamma_3=0.425$（见表5-5）在统计上显著成立。这样部分证明了假设H1，正常应计的持续性大于非正常应计的持续性。类似可以分析γ_1和γ_2以及γ_1和γ_3在统计上的大小关系，分别进行$\gamma_1=\gamma_2$的Wald检验和$\gamma_1=\gamma_3$的Wald检验，结果见表5-7和表5-8。

表5-6　　方程（5.5）系数$\gamma_2=\gamma_3$的Wald检验

Test Statistic	Value	Df	Probability
F-statistic	8.631711	（1，6423）	0.0033
Chi-square	8.631711	1	0.0033
Null Hypothesis Summary:			
Normalized Restriction （=0）		Value	Std.Err.
$\gamma_2-\gamma_3$		0.059731	0.020331

表5-7　　方程（5.5）系数$\gamma_1=\gamma_2$的Wald检验

Test Statistic	Value	Df	Probability
F-statistic	7.030704	（1，6423）	0.0080
Chi-square	7.030704	1	0.0080
Null Hypothesis Summary:			
Normalized Restriction （=0）		Value	Std.Err.
$\gamma_1-\gamma_2$		0.050962	0.019220

表5-8　　方程（5.5）系数$\gamma_1=\gamma_3$的Wald检验

Test Statistic	Value	Df	Probability
F-statistic	123.2255	（1，6423）	0.0000
Chi-square	123.2255	1	0.0000
Null Hypothesis Summary:			
Normalized Restriction （=0）		Value	Std.Err.
$\gamma_1-\gamma_3$		0.110692	0.009972

5.5.3 非正常应计极端组各变量均值（中位数）的时间序列性质

与第4章类似，先将每年非正常应计数据从小到大进行排列，等量分为从低到高10组。然后，以各年非正常应计极端组所包含公司的非正常应计数均值为纵轴，以非正常应计数均值对应的发生时间（年份）为横轴，建立二维坐标系。其中，公司归属于非正常应计极端组时的年份为该公司的事件期（第0年）。最后，在非正常应计极端投资组合形成的前后4年里，跟踪极端非正常应计组所包含公司的总应计、盈余、现金流量的均值和中位数变化趋势，具体见表5-9和图5-1至图5-8。

表5-9　　极端非正常应计组各变量均值（中位数）变化趋势

项目	−4	−3	−2	−1	0	1	2	3	4
A部分：最低非正常应计组									
总应计均值	−0.012	−0.024	−0.036	−0.045	−0.229	−0.054	−0.049	−0.055	−0.044
总应计中位数	−0.019	−0.019	−0.027	−0.042	−0.183	−0.049	−0.051	−0.043	−0.039
盈余均值	0.032	0.016	0.011	−0.005	−0.068	0.011	0.026	0.021	0.024
盈余中位数	0.034	0.028	0.021	0.012	0.008	0.027	0.028	0.030	0.026
现金流量均值	0.044	0.040	0.047	0.040	0.162	0.065	0.075	0.075	0.068
现金流量中位数	0.043	0.036	0.039	0.029	0.176	0.055	0.078	0.066	0.060
非正常应计均值	0.013	0.004	−0.008	−0.017	−0.198	−0.023	−0.017	−0.024	−0.013
非正常应计中位数	0.015	0.007	0.002	−0.014	−0.153	−0.014	−0.018	−0.011	−0.005

续表

项目	−4	−3	−2	−1	0	1	2	3	4
B部分：最高非正常应计组									
总应计均值	0.000	0.004	0.015	0.015	0.168	0.002	−0.008	−0.034	−0.031
总应计中位数	−0.003	−0.006	0.003	0.010	0.129	−0.006	−0.014	−0.036	−0.022
盈余均值	0.028	0.040	0.042	0.052	0.061	0.028	0.016	0.005	0.004
盈余中位数	0.040	0.044	0.047	0.049	0.044	0.030	0.023	0.020	0.018
现金流量均值	0.028	0.036	0.027	0.037	−0.108	0.027	0.024	0.039	0.035
现金流量中位数	0.030	0.039	0.038	0.042	−0.083	0.031	0.033	0.041	0.029
非正常应计均值	0.000	0.000	0.000	0.000	0.000	0.000	0.000	0.000	0.000
非正常应计中位数	0.000	0.000	0.000	0.000	0.000	0.000	0.000	0.000	0.000

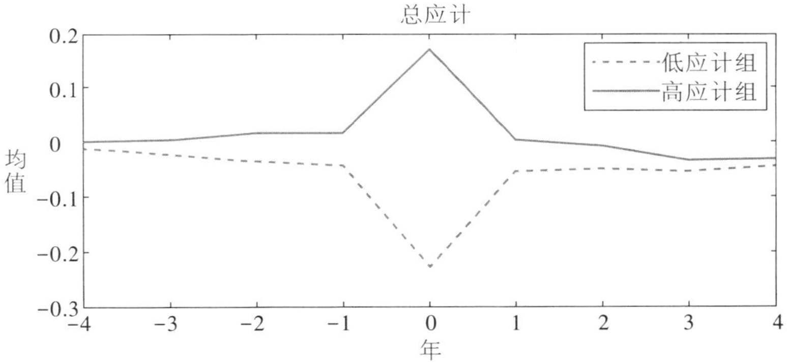

图5-1　非正常应计极端组的总应计均值事件时间图

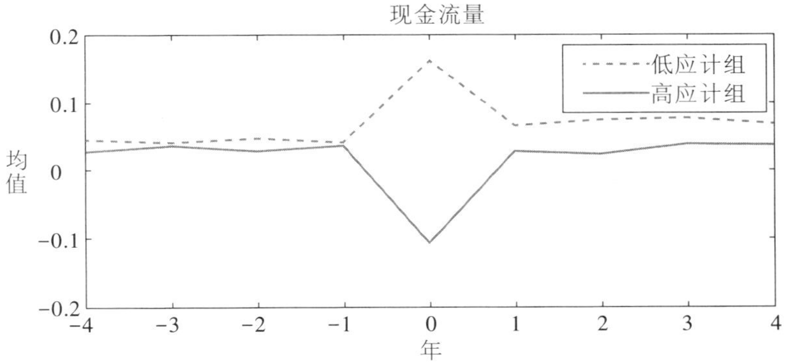

图5-2　非正常应计极端组的现金流量均值事件时间图

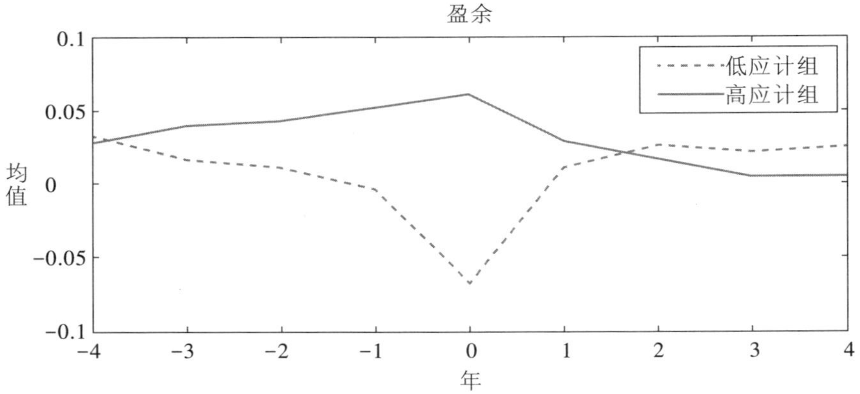

图5-3　非正常应计极端组的盈余均值事件时间图

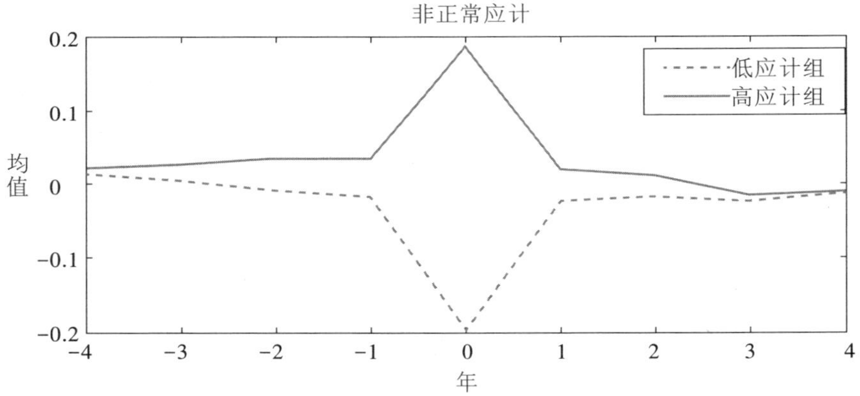

图5-4　非正常应计极端组的非正常应计均值事件时间图

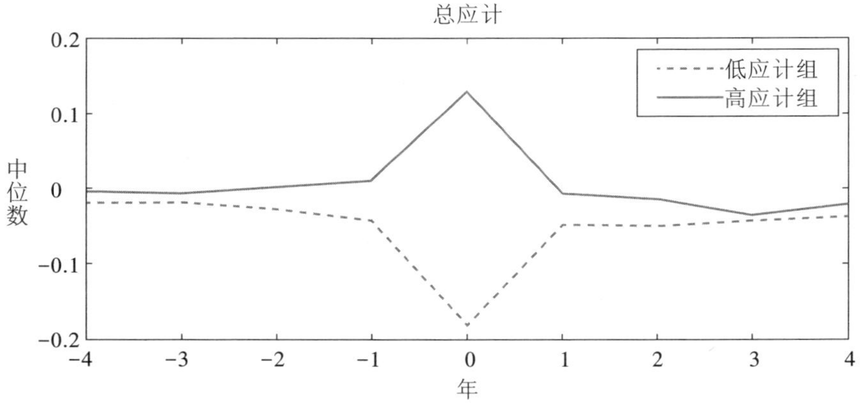

图5-5　非正常应计极端组的总应计中位数事件时间图

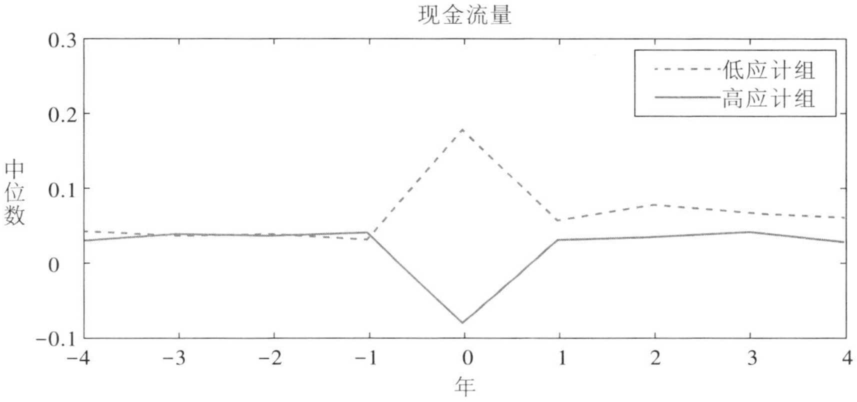

图 5-6　非正常应计极端组的现金流量中位数事件时间图

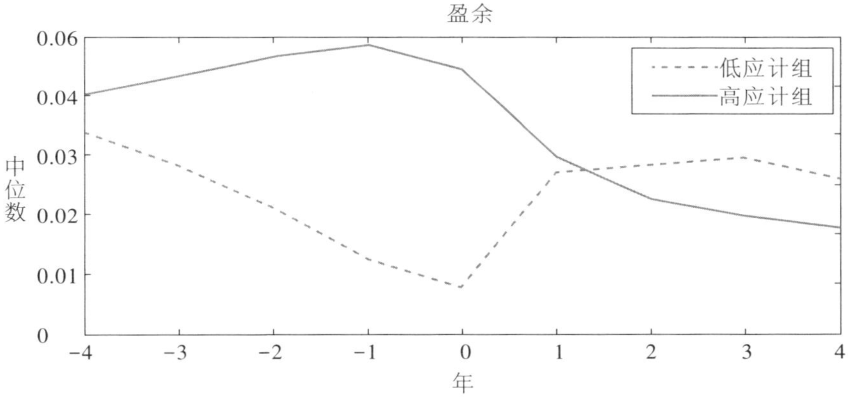

图 5-7　非正常应计极端组的盈余中位数事件时间图

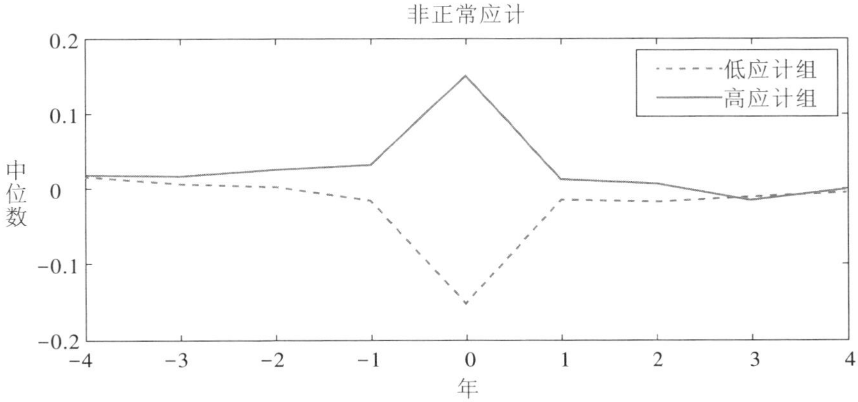

图 5-8　非正常应计极端组的非正常应计中位数事件时间图

从表5-9、图5-1、图5-4、图5-5和图5-8可以看出：非正常应计盈余均值（中位数）的反转速度与总应计盈余相近，都在1年内反转，4年左右完成反转过程；非正常应计盈余均值（中位数）变化趋势与总应计盈余相近，说明两者具有很强的正相关性，这与表5-4显示的非正常应计与总应计的Pearson（Spearman）相关系数为0.896（0.834）的结果一致。由图5-2、图5-4、图5-6和图5-8可知，现金流量的变化趋势与非正常应计相反，说明了两者的负相关关系。表5-4中非正常应计与现金流量的Pearson（Spearman）相关系数为-0.639（-0.589），验证了这一结论。

5.6 Mishkin检验

本书再一次使用4.7.1节的Mishkin理性定价模型，检验我国市场对非正常应计项目的定价方向。将总应计分为正常应计和非正常应计带入方程（4.19）和方程（4.20），则预测方程（5.6）和定价方程（5.7）可写作：

$$Earnings_{t+1} = \gamma_0 + \gamma_1 CFO_t + \gamma_2 NAC_t + \gamma_3 ABNAC_t + u_{t+1} \tag{5.6}$$

$$BHAR_{t+1} = \alpha + \beta(Earnings_{t+1} - \gamma_0 - \gamma_1^* CFO_t - \gamma_2^* NAC_t - \gamma_3^* ABNAC_t) + \varepsilon_{t+1} \tag{5.7}$$

进行市场对现金盈余、正常应计盈余和非正常应计盈余的定价检验，结果见表5-10。

表5-10 **市场对现金盈余、正常应计盈余和非正常应计盈余的定价检验**

Panel A 盈余组成部分的预测系数和定价系数

	估计值	渐进标准误
γ_1	0.535	0.014
γ_1^*	0.552	0.076
γ_2	0.484	0.020
γ_2^*	0.445	0.112
γ_3	0.425	0.013
γ_3^*	0.594	0.074

续表

Panel B 与非正常应计相关的理性定价系数检验		
	似然率统计量	边际显著性水平
NAC：$\gamma_2 = \gamma_2^*$	0.12	0.729
ABNAC：$\gamma_3 = \gamma_3^*$	5.24	0.022
CFO，NAC，ABNAC： $\gamma_1 = \gamma_1^*$ and $\gamma_2 = \gamma_2^*$ and $\gamma_3 = \gamma_3^*$	10.11	0.002

由表5-7和表5-8可知，现金流量的持续性显著高于非正常应计。同时，现金流量持续性显著高于非正常应计持续性。由表5-10可知，正常应计的预测系数γ_2(0.484)高于其定价系数γ_2^*(0.445)，但并不显著（$p < 0.729$）。预测系数γ_3(0.425)低于定价系数γ_3^*(0.594)，且统计上显著（$p < 0.022$），说明市场高估非正常应计。同样地，盈余的三个组成部分理性定价的零假设被拒绝（$p < 0.002$）。

5.7 套利检验

5.7.1 每年各非正常应计组超额收益率

为检验非正常应计被错误定价的经济显著性，将所有样本按非正常应计大小分为10组，表5-11给出了1998年至2006年各组的超额收益率以及t值。

表5-11中的行代表各年的应计最低组到最高组的规模调整超额收益，2005年除了最高应计组套利为负之外，其余各组的套利均为正，说明绝大部分的公司都取得了正向收益，可能与股价同步性有关，后文有详尽分析和论述。

表5-11　　1998—2006年各非正常应计组超额收益率及t值

		最低	2	3	4	5	6	7	8	9	最高
1998	系数	0.045	-0.091	0.052	0.055	0.022	-0.084	0.023	-0.072	0.073	-0.025
	t值	1.266	-2.416	1.154	1.237	0.544	-1.793	0.588	-1.975	1.464	-0.745
1999	系数	0.045	0.049	0.026	-0.005	0.045	0.038	0.003	-0.034	-0.048	-0.086
	t值	2.217	2.707	1.412	-0.376	2.682	1.967	0.158	-2.065	-2.408	-5.067
2000	系数	0.001	0.003	0.041	-0.002	-0.011	0.023	0.046	-0.038	-0.005	-0.051
	t值	0.128	0.296	5.422	-0.398	-1.614	2.327	4.954	-5.277	-0.512	-5.791
2001	系数	-0.005	0.029	-0.003	0.009	0.023	-0.006	-0.003	0.011	-0.027	-0.022
	t值	-0.490	2.014	-0.353	0.904	2.571	-0.690	-0.289	1.166	-3.924	-1.986
2002	系数	-0.010	0.048	0.017	0.028	-0.001	-0.022	-0.023	-0.010	-0.008	-0.018
	t值	-0.781	3.767	1.651	2.737	-0.084	-2.311	-2.414	-0.759	-0.633	-1.552
2003	系数	-0.043	0.000	0.033	0.027	-0.020	0.011	-0.029	-0.039	-0.036	-0.021
	t值	-3.400	-0.016	2.432	2.236	-1.821	0.851	-3.027	-3.661	-3.255	-1.974
2004	系数	-0.019	-0.104	-0.072	0.013	0.010	0.120	0.005	-0.078	-0.038	-0.078
	t值	-0.751	-5.222	-3.287	0.463	0.516	3.547	0.181	-2.543	-1.498	-3.201
2005	系数	0.348	0.207	0.239	0.460	0.381	0.213	0.490	0.114	0.090	-0.205
	t值	4.092	2.517	2.409	4.646	3.145	1.687	4.658	1.692	0.940	-2.607
2006	系数	-0.036	-0.020	-0.068	-0.080	-0.028	-0.130	-0.041	-0.050	-0.044	0.016
	t值	-1.389	-0.844	-3.235	-3.320	-1.115	-7.914	-1.431	-1.435	-1.388	0.506

5.7.2 套利结果

本书仿照总应计套利策略，采用买入最低非正常应计组，卖出最高非正常应计组的策略套利，各非正常应计等级组超额收益率见表5-12，各非正常应计组超额收益率变化趋势如图5-9所示。正常应计被低估，统计上不显著，其套利检验也不显著，这里不再列示。

表5-12　**各非正常应计等级组超额收益率（Jones模型全样本）**

各等级组	最低	2	3	4	5	6	7	8	9	最高	套利
BHAR	0.034	0.019	0.046	0.034	0.042	0.017	0.010	0.007	−0.002	−0.047	0.081
t检验	2.35**	1.91*	3.67**	3.02**	3.31**	1.31	0.75	−0.29	−0.57	−5.19**	5.16**

注：*和**分别表示通过显著性水平为5%和1%的双尾t检验。

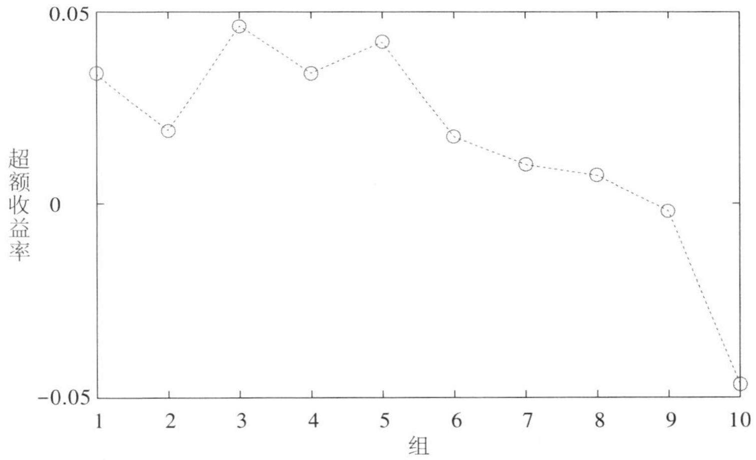

图5-9　各非正常应计组超额收益率变化趋势（Jones模型全样本）

由上文论述可知，非正常应计未与超常回报呈单调变化，与Xie（2001）类似。基本Jones模型下，全样本非正常应计策略套利的超额回报为8.1%，显著区别于零。

5.7.3　各年套利结果

图5-10列示了全样本与盈利样本的各年非正常应计策略套利超额回报。可以看到，两种样本下，2005年Jones模型非正常应计套利收益都很高。进一步对该年各组超额收益率进行比对，发现大部分应计组的套利收益为正，仅最高应计组的套利回报显著为负（见表5-11）。这说

明2006年5月初买进股票，2007年4月卖出，普遍会获得正向收益，这段时间A股市场可能存在同步性。另外，A股市场存在对应计高估的倾向，在牛市时集中体现在了最高应计组。

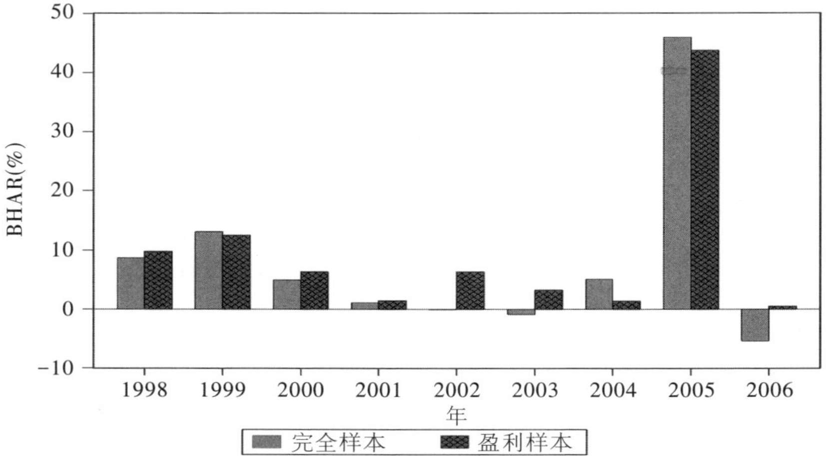

图5-10 各年非正常应计策略套利结果比较（Jones模型）

由上文可知，非正常应计策略的各组套利所得比全样本总应计策略的波动性小，而盈利样本非正常应计策略的各组超额回报比全样本非正常应计策略的更稳定。李远鹏和牛建军（2007）发现应计策略下，买入的低应计组合包含很多亏损企业，剔除亏损企业亏损当年数后，套利收益显著提高。许多亏损公司在亏损当年有盈余管理行为（陆建桥，1999）。由此，本书对盈利样本的非正常应计策略套利进行检验，并获得9.5%的超额回报（$t=6.43$，$p<0.001$）。Beneish和Vargus（2002）发现应计错误定价主要由增加利润的短期应计和未预期应计导致，并潜在地排除了一次性向下盈余管理的“洗大澡”导致应计错误定价的可能性。这就间接表明处于低应计组的“洗大澡”公司未被低估。我国特有的退市制度使亏损公司在报告亏损当年有通过应计向下调减利润的趋势，造成了许多亏损公司“洗大澡”现象。因而，采用买进低应计的策略中，如果包含过多的未被低估的亏损公司，则可能影响套利超额回报。

5.8 稳健性检验

5.8.1 超额收益率的备择计算方法

本书采用樊行健、刘浩和郭文博（2009）的超额收益率计算方法，重新检验全样本总应计、基本Jones模型的全样本和盈利样本的非正常应计策略的超额收益，结果分别为7.9%（t=3.1，p<0.001），8.8%（t=6.14，p<0.001）和8.8%（t=5.79，p<0.001），与前文所得结果基本一致。

5.8.2 修正Jones模型

由于Jones（1991）只以销售收入的变动作为变量，管理当局操纵赊销以提高销售收入时，使用Jones模型就无法得出盈余管理的规律，因此Dechow（1995）以Jones模型为基础，相对于原模型多了对于应收账款的调整，以消除赊销对销售收入的影响，称为修正Jones模型（Modefied Jones Model），其算法如下

$$NAC_t/TA_{t-1} = \alpha_1(1/TA_{t-1}) + \alpha_2(\Delta REV_t - \Delta REC_t)/TA_{t-1} + \alpha_3(PPE_t/TA_{t-1}) \quad (5.8)$$

$$ABNAC_t/TA_{t-1} = (TAC_t/TA_{t-1}) - (NDAC_t/TA_{t-1})$$

其中，TA_{t-1}表示t-1年年末总资产；NAC_t表示t年年末的正常应计利润；ΔREV_t表示t年主营业务收入与t-1年主营业务收入的差额；ΔREC_t表示t年应收账款与t-1年应收账款的差额；PPE_t表示t年年末固定资产原值；$ABNAC_t$表示t年年末的非正常应计利润。

需要注意的是方程（5.8）的系数α_1、α_2和α_3是从基本Jones模型（5.2）中得到的，而不是从修正Jones模型（5.8）中估计出来的。修正Jones模型相对于基本Jones模型的调整仅是模型中主营业务收入变化量ΔREV_t经过了当期应收账款变化量ΔREC_t的调整。采用修正的横截面Jones模型重新对非正常应计错误定价进行套利检验，结果见表5-14和图5-13。

表5-13中的行代表各年的应计最低组到最高组的规模调整超额收益，2005年除了最高应计组套利为负之外，其余各组的套利均为正，说明绝大部分的公司都取得了正向收益，可能与股价同步性有关，后文有详尽分析和论述。

表5-13　**每年各非正常应计等级组超额收益率及t统计量（修正Jones模型全样本）**

		最低	2	3	4	5	6	7	8	9	最高
1998	系数	0.031	-0.014	0.001	-0.015	0.038	-0.076	0.008	-0.059	0.167	-0.081
	t值	1.285	-0.532	0.027	-0.527	1.416	-3.497	0.237	-2.439	4.957	-3.742
1999	系数	0.054	0.038	0.036	0.000	0.028	0.014	-0.007	-0.008	-0.078	-0.077
	t值	4.176	3.021	2.971	-0.010	2.485	1.088	-0.540	-0.749	-5.900	-6.712
2000	系数	0.004	-0.003	0.052	-0.010	-0.006	0.018	0.048	-0.052	0.015	-0.063
	t值	0.626	-0.535	7.854	-2.370	-1.391	2.728	8.488	-5.448	2.190	-4.825
2001	系数	-0.004	0.009	0.017	0.018	0.013	-0.002	-0.006	-0.004	-0.021	-0.015
	t值	-0.572	1.034	2.737	2.565	2.104	-0.407	-0.978	-0.550	-4.458	-2.016
2002	系数	-0.015	0.037	0.023	0.039	-0.009	-0.034	-0.013	-0.015	0.008	-0.019
	t值	-1.655	5.022	3.244	5.007	-1.149	-5.725	-1.929	-1.830	0.965	-2.644
2003	系数	-0.039	0.026	-0.006	0.027	-0.005	0.009	-0.028	-0.051	-0.018	-0.029
	t值	-4.655	2.603	-0.816	3.356	-0.741	1.056	-4.600	-7.206	-2.415	-4.040
2004	系数	-0.019	-0.084	-0.063	-0.027	0.008	0.154	0.024	-0.035	-0.094	-0.078
	t值	-1.083	-6.262	-4.056	-1.427	0.504	7.257	1.170	-1.594	-6.961	-4.773
2005	系数	0.338	0.184	0.397	0.351	0.367	0.240	0.137	0.205	0.195	-0.132
	t值	6.016	3.307	5.632	5.702	4.553	2.813	2.437	3.303	3.238	-2.330
2006	系数	-0.038	-0.005	-0.075	-0.088	-0.029	-0.088	-0.115	-0.048	-0.024	0.007
	t值	-2.164	-0.344	-4.972	-5.829	-1.668	-6.057	-7.094	-2.111	-1.137	0.351

同样采用买入最低非正常应计组，卖出最高非正常应计组的策略套利，修正Jones模型全样本各年的套利结果见表5-14，非正常应计组超额收益率变化趋势如图5-11所示。正常应计被低估，统计上不显著，其套利检验也不显著，这里不再列示。

表5-14　各非正常应计等级组超额收益率（修正Jones模型全样本）

各等级组	最低	2	3	4	5	6	7	8	9	最高	套利
BHAR	0.035	0.021	0.042	0.033	0.045	0.026	0.005	−0.007	0.017	−0.054	0.089
t检验	2.56**	2.03**	3.31**	2.87**	2.97**	1.78*	0.45	−1.38	0.93	−5.79**	5.94**

注：*和**分别表示显著性水平为5%和1%。

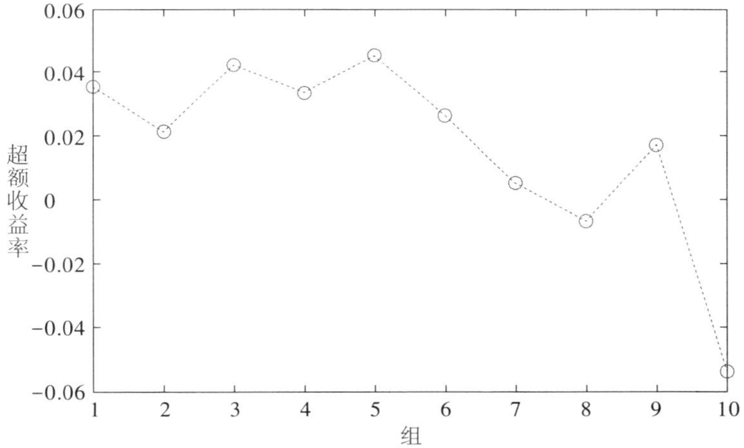

图5-11　非正常应计组超额收益率变化趋势（修正Jones模型盈利样本）

由表5-14知，修正Jones模型下，全样本非正常应计的套利超额回报显著为8.9%（t=5.94**），高于表5-12中基本Jones模型的套利结果8.1%（t=5.16**），说明消除了赊销对销售收入的影响以后，修正Jones模型非正常应计套利能力有所增强。

5.8.3 修正Jones模型盈利样本

选取盈利的样本采用与5.8.2节相同的套利策略，修正Jones模型盈利样本各年的套利结果见表5-15，非正常应计组超额收益率变化趋势如图5-12所示。正常应计被低估，统计上不显著，其套利检验也不显著，这里不再列示。

表5-15 各非正常应计等级组超额收益率（修正Jones模型盈利样本）

各等级组	最低	2	3	4	5	6	7	8	9	最高	套利
BHAR	0.039	0.026	0.035	0.046	0.039	0.054	0.020	−0.021	0.010	−0.064	0.102
t检验	3.39**	3.69**	3.20**	3.04**	−1.18	3.33**	0.51	−3.11**	0.82	−6.25**	5.63**

注：*和**分别表示显著性水平为5%和1%。

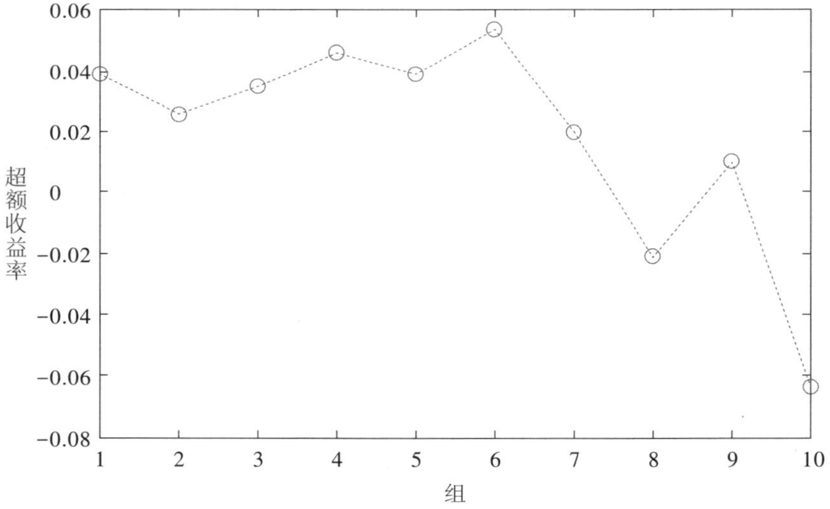

图5-12 非正常应计组超额收益率变化趋势（修正Jones模型盈利样本）

由表5-15和图5-13可知，盈利样本非正常应计的套利回报为10.2%（t=5.63，p<0.001），高于基本Jones模型和修正Jones模型对应的结果。由图5-10和图5-13可知，两模型各年非正常应计套利超额回报的趋势类似。验证了基于Jones模型的主要结论。

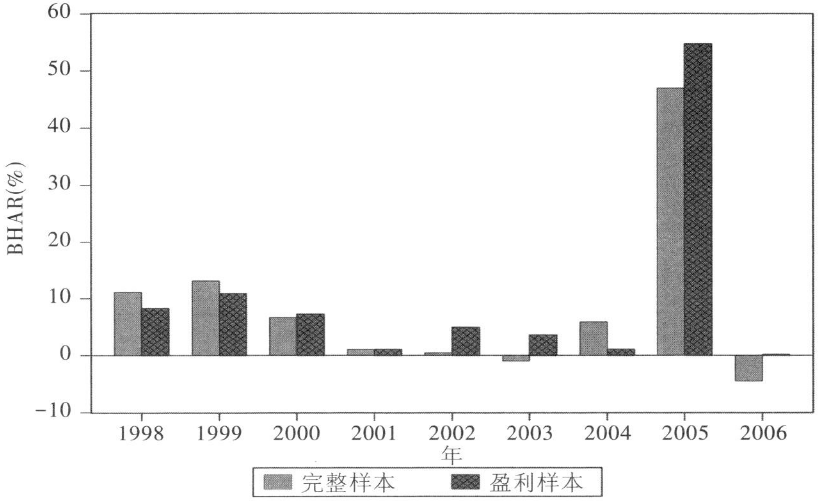

图5-13 各年非正常应计策略套利结果比较（修正Jones模型）

5.9 新准则下非正常应计错误定价与盈余持续性再检验

5.9.1 统计描述

1）新准则下数据期间对比研究样本各行业分布特征

在第4章样本数据的基础上，新准则下筛选后得到19 034个公司年度数据，具体见表5-16①。

表5-16 新准则下2007—2019年各行业对比研究样本分布状况

行业代码	行业名称	样本数
A	农、林、牧、渔业	305
B	采掘业	648
C0	食品、饮料	994
C1	纺织、服装、毛皮	837
C2	家具业	433

① 2007年以前国泰安数据库按证监会2001年《上市公司行业分类指引》标准，2007年以后将“C5电子”划分到其他行业分类中。

续表

行业代码	行业名称	样本数
C3	造纸、印刷	77
C4	石油、化学、塑胶、塑料	289
C6	金属、非金属	1 606
C7	机械、设备、仪表	3 103
C8	医药、生物物品	1 275
C9	其他制造业	56
D	电力、煤气及水的生产和供应	994
E	建筑业	525
F	交通运输、仓储业	791
G	信息技术业	2 424
H	批发和零售贸易	1 339
J	房地产业	1 237
K	社会服务业	974
L	传播与文化产业	236
M	综合类	144
总计		18 287

2）统计特征

由表5-17可知，与旧准则不同，新准则下样本期间TAC_t均值为正，说明摊销和折旧金额有所下降。$ABNAC_t$均值为-0.001，中位数为-0.055，接近0。

表5-17 **新准则下2007—2019年盈余及其组成部分的描述性统计**

变量	标准差	均值	中位数	25%分位数	75%分位数
$Earning_t$	5.024	0.102	0.012	0.034	0.069
CFO_t	7.144	0.030	0.004	0.049	0.100
TAC_t	10.665	0.072	-0.059	-0.015	0.033
$ABNAC_t$	10.586	-0.001	-0.055	-0.005	0.042
NAC_t	1.208	0.073	-0.038	-0.007	0.024
$BHAR_t$	1.023	-0.216	-0.707	-0.103	0.329

由表5-18可知，盈余$Earning_t$与总应计TAC_t显著正相关，与现金流量CFO_t显著正相关。正常应计NAC_t与非正常应计$ABNAC_t$显著负相关。

表5-18　新准则下2007—2019年盈余及其组成部分的相关性检验结果

	$Earning_t$	CFO_t	TAC_t	$ABNAC_t$	NAC_t
$Earning_t$		0.522 (0.000)	0.821 (0.000)	0.818 (0.000)	0.077 (0.000)
CFO_t	0.378 (0.000)		-0.916 (0.000)	-0.908 (0.000)	-0.127 (0.000)
TAC_t	0.265 (0.000)	-0.701 (0.000)		0.994 (0.000)	0.121 (0.000)
$ABNAC_t$	0.165 (0.000)	-0.488 (0.000)	0.681 (0.000)		0.008 (0.016)
NAC_t	0.163 (0.000)	-0.233 (0.000)	0.378 (0.000)	-0.303 (0.000)	

注：对角线上方为Pearson相关系数，下方为Spearman相关系数，括号中为P值。

5.9.2　盈余持续性再检验

由表5-19可知，方程（5.5）统计显著，新准则下现金盈余、正常应计盈余和非正常应计盈余存在持续性。

表5-19　　新准则下2007—2019年方程（5.5）的回归结果

	Coefficient	Std.Error	t-Statistic	Prob.
γ_0	0.043397	0.003176	13.66483	0.0000
γ_1	0.012550	0.001034	12.13944	0.0000
γ_2	0.024777	0.002562	9.670581	0.0000
γ_3	0.008896	0.000692	12.85590	0.0000
R-squared	0.012354	Mean dependent var		0.045838
Adjusted R-squared	0.012176	S.D.dependent var		0.411613
S.E.of regression	0.409099	Akaike info criterion		1.050523
Sum squared resid	2 790.935	Schwarz criterion		1.052375
F-statistic	69.52850	Durbin-Watson stat		1.596709
Prob.（F-statistic）	0.000000			

由表5-20可知，γ_2与γ_3统计显著不同，结合表5-19可知，新准则下样本期间正常应计盈余持续性大于非正常应计盈余持续性。

表5-20 新准则下2007—2019年方程（5.5）系数$\gamma_2=\gamma_3$的Wald检验

Test Statistic	Value	Df	Probability
F-statistic	41.14439	（1，6 423）	0.0000
Chi-square	41.14439	1	0.0000
Null Hypothesis Summary:			
Normalized Restriction （=0）		Value	Std.Err.
$\gamma_2-\gamma_3$		0.015880	0.002476

由表5-21可知，γ_1与γ_2统计显著不同，结合表5-19可知，新准则下样本期间正常应计盈余持续性大于现金盈余持续性。

表5-21 新准则下2007—2019年方程（5.5）系数$\gamma_1=\gamma_2$的Wald检验

Test Statistic	Value	Df	Probability
F-statistic	24.41876	（1，6 423）	0.0000
Chi-square	24.41876	1	0.0000
Null Hypothesis Summary:			
Normalized Restriction （=0）		Value	Std.Err.
$\gamma_1-\gamma_2$		-0.012227	0.002474

由表5-22可知，γ_1与γ_3统计显著不同，结合表5-19可知，新准则下样本期间现金盈余持续性大于非正常应计盈余持续性。

表5-22 新准则下2007—2019年方程（5.5）系数$\gamma_1=\gamma_3$的Wald检验

Test Statistic	Value	Df	Probability
F-statistic	55.78411	（1，6 423）	0.0000
Chi-square	55.78411	1	0.0000
Null Hypothesis Summary:			
Normalized Restriction （=0）		Value	Std.Err.
$\gamma_1-\gamma_3$		0.003654	0.000489

5.9.3 非正常应计套利再检验

由表5-23可知，新准则下2007—2019年Jones模型全样本非正常应计套利策略获得的超额回报为6.4%（t=14.69）。由图5-14可知，新准则下2007—2019年Jones模型全样本各非正常应计等级组的超额收益率呈先升后降的趋势。

表5-23 新准则下2007—2019年各非正常应计等级组超额收益率（Jones模型全样本）

应计等级组	最低	2	3	4	5	6	7	8	9	最高	套利
BHAR	0.093	0.126	0.119	0.114	0.114	0.085	0.078	0.072	0.073	0.029	0.064
t检验	14.14**	19.14**	18.15**	18.15**	17.17**	13.80**	13.48**	12.84**	12.80**	6.73**	14.69**

注：*和**分别表示通过显著性水平为5%和1%的双尾t检验。

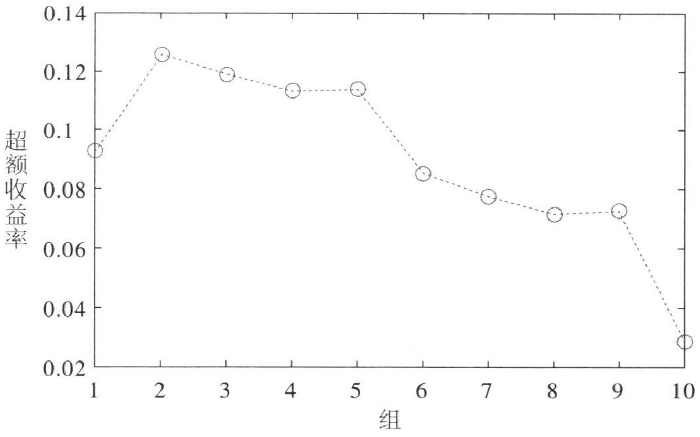

图5-14 新准则下2007—2019年各非正常应计组超额收益率变化趋势（Jones模型全样本）

5.9.4 稳健性检验

1）修正Jones模型全样本

由表5-24可知，新准则下2007—2019年修正Jones模型全样本非正常应计策略套利的超额回报为5.8%（t=16.69）。由图5-15可知，新准则下2007—2019年修正Jones模型全样本各非正常应计等级组超额收益率仍然呈先升后降的趋势。

表5-24 新准则下2007—2019年各非正常应计等级组超额收益率
（修正Jones模型全样本）

应计等级组	最低	2	3	4	5	6	7	8	9	最高	套利
BHAR	0.088	0.128	0.115	0.125	0.109	0.087	0.073	0.075	0.072	0.030	0.058
t检验	13.94**	18.96**	17.71**	19.18**	16.81**	14.30**	12.58**	13.41**	12.68**	6.85**	16.69**

注：*和**分别表示显著性水平为5%和1%。

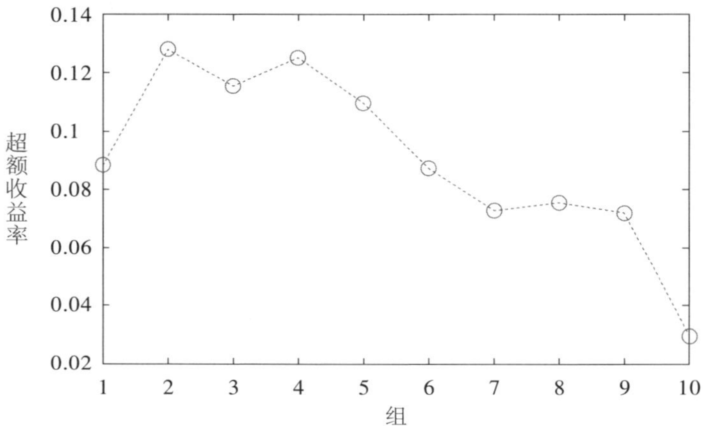

图5-15 新准则下2007—2019年各非正常应计组超额收益率变化趋势
（修正Jones模型全样本）

2）修正Jones模型盈利样本

由表5-25可知，新准则下2007—2019年修正Jones模型盈利样本非正常应计策略套利的超额回报为6.7%（t=16.69）。由图5-16可知，新准则下2007—2019年修正Jones模型盈利样本各非正常应计等级组的超额收益率同样呈先升后降的趋势。

表5-25 新准则下2007—2019年各非正常应计等级组超额收益率
（修正Jones模型盈利样本）

应计等级组	最低	2	3	4	5	6	7	8	9	最高	套利
BHAR	0.092	0.127	0.124	0.104	0.107	0.076	0.079	0.07	0.074	0.025	0.067
t检验	15.89**	20.83**	18.85**	18.62**	17.22**	13.95**	14.36**	13.4**	13.57**	6.49**	16.69**

注：*和**分别表示显著性水平为5%和1%。

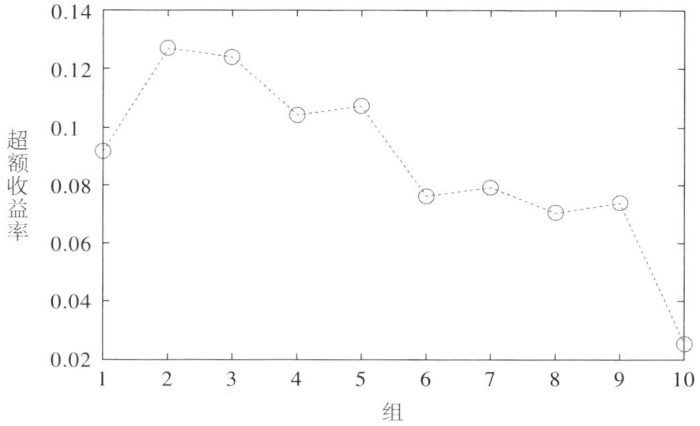

图 5-16 新准则下 2007—2019 年各非正常应计组超额收益率变化趋势

（修正 Jones 模型盈利样本）

5.10 本章小结

为进一步探寻我国应计错误定价产生的原因，本章将总应计分解为正常应计和非正常应计，进一步检验发现，现金流量持续性高于非正常应计持续性，正常应计盈余持续性则显著大于非正常应计盈余持续性，说明总应计的较低持续性主要源自非正常应计部分，而这可能是盈余管理的结果。

结果发现，研究样本数据期间，Jones 模型全样本下，非正常应计极端组平均套利结果为 8.1%；修正 Jones 模型全样本下，非正常应计极端组平均套利结果为 8.9%；修正 Jones 模型盈利样本下，非正常应计极端组平均套利结果为 10.2%。这说明 A 股市场在样本期间存在比较稳定的非正常应计错误定价，且结果具有稳健性。当剔除亏损样本后，所得套利收益进一步增加。本书认为，我国的应计错误定价部分源自公司的盈余管理行为，但应考虑剔除“洗大澡”的情况。

2005 年的套利超额回报较高，说明市场对应计高估的错误定价趋势。本书将在第 7 章剔除同期市场的股价同步性因素，再对样本进行检验，以便更好地探究我国应计错误定价的成因及影响。

新准则下 2007—2019 年 Jones 模型全样本非正常应计策略套利为 6.4%，与旧准则检验结果相比，非正常应计错误定价现象有所减弱。

6　经营性应计错误定价与投资增长

6.1　引言

经济学家Boulding（1962）的论文——“会计学和经济学是一对非同族（不协调的）的孪生兄弟”，虽未明确会计学的学科属性，但已生动地道出了会计学与经济学之间千丝万缕的联系。应计项目作为会计学的账户类别，在经济学亦有其相对应的概念。从资产负债表法——应计项目为经营性资产与经营性负债的差可以明显看出，应计项目也是净经营资产增长[①]的组成部分。当研究对象为短期层次时，相应的应计变量为营运资本应计，即短期净经营资产增长；当研究对象为总的经营活动时，相应的应计变量则为Dechow、Richardson和Sloan（2008）的研究中提到的总经营性应计，即总的净经营资产增长。Richardson、Sloan和Soliman et al.（2005）提出的广义应计概念不仅包含了总净经营资产增

① 本书所述“净经营资产增长”包含了净经营资产减少的情况，此时即为净经营资产负增长。

长的部分，还涵盖了金融资产、负债及股本的变动等与完全现金制会计不同的所有账户。具体而言，不同层次的应计项目对应了不同层次的净经营资产增长；广义的应计概念涵盖了总净经营资产增长概念。Hirshleifer、Hou和Teoh等（2004）提出的净经营资产异象（简称NOA异象），实则为应计错误定价的另一种情况——总经营性应计错误定价。

以Sloan为代表的持续性观点支持者，从应计项目的会计学属性出发提出假设，预测并证实应计错误定价的存在，而后，进一步对其解释（如Xie，2001）。这类研究主要关注会计领域的其他理论（盈余管理）、实务（第三方行为人）与应计错误定价的关系，而忽略了应计项目的经济学属性。从经济学视角看，资产负债表的应计项目表示企业当期进行日常生产经营活动所投入的各项要素，会计盈余则是生产要素引起的产出。根据经济学边际报酬递减的基本规律，应计项目应与未来盈余负相关。

本章从应计项目的经济学属性出发，检验存在应计及非正常应计错误定价的样本期间内，我国A股市场总体上市公司是否存在本期净经营资产增长对下期盈利能力的边际收益率递减现象。进一步检验A股市场中，以净经营资产增长为表征变量的应计项目的持续性及错误定价。

6.2 假设的提出

6.2.1 市场层次假设

净经营资产增长意味着企业新追加的投资，应计项目因此具有了新增投资的性质。同时，净经营资产增长又是总资产增长的一部分，一定程度上表明了企业的发展状况。当某企业净经营资产增长在一段时期居高不下时，说明该企业正处于成长期；反之，则可能处于财务困境或衰退期。完整的盈余循环中，应计起到平滑盈余和及时确认盈余的作用。当交易活动为现收现付时，近期极端增长企业的营运资本应计变动似乎应最大。如果营运资本应计解释了总应计的大部分变动，近期极端增长企业的营运资本应计也相应最高。Chan、Chan和Jegadeesh等（2006）发现高应计公司的近期销售增长往往比较高，总应计的主要变动为存货和应收账款的变动。总之，作为经营资产增长的应计项目具备了新增投资的性质，这也导致了处于高度增长公司的应计项目趋于极端。

Fairfield、Whisenant和Yohn（2003a）（此后简称FWY）、Cooper，Gulen和Schill（2008）以及Khan（2008）提出应计错误定价的经济学解释。FWY首次从经济学视角，提出了应计错误定价的投资增长解释。FWY认为新增投资的边际递减收益率导致了新增投资与未来盈利能力的负相关关系。营运资本应计作为净经营资产增长的短期部分，与未来盈利能力负相关。因此，应计盈余的低持续性部分源自非短期经营资产的增长，是增长对未来盈余效应的结果。深入进行FWY的研究，Cooper、Gulen和Schill（2008）发现公司层面数据存在总资产增长效应。与FWY的观点一致，他们也得出结论，新增投资的边际递减收益率是总资产增长与股票回报负相关关系的最可能解释。Dechow、Richardson和Sloan（2008）发现幼稚锁定盈余假说不可能是应计错误定价的完全解释，投资者错误理解新增投资的边际收益递减与应计错误定价现象更一致。

应计错误定价的投资增长观，是建立在所研究国家宏观经济处于边际报酬递减状态的前提假设下。我国作为拥有新兴资本市场的发展中国家，宏观经济正处于上升期，所有行业整体上处于边际报酬递减的假设并不适合我国的国情。而作为一个历史悠久的传统大国，我国一些行业的发展由来已久，在受经济、科技环境影响弱的这些传统行业中，极大可能处于边际报酬递减状态。因此，投资增长观更适合在行业层次上解释我国的应计错误定价。

Lakonishok、Shleifer和Vishny（1994）提出销售增长与企业未来超额回报负相关。FWY发现在控制当期盈利能力后，短期经营性应计项目（即短期净经营资产增长）与下期资产收益率有负的增量关系。销售增长往往伴随着企业应收账款、存货等短期经营性资产的增加，一定程度上导致了短期经营性应计的增加，因此，销售增长与短期经营性应计存在一定的对应关系。而从我国的实际情况看，经济快速发展的宏观背景下，样本期间A股市场上市公司的销售额总体处于增长状态，如存货等短期经营性资产的增加有可能造成企业流动资金紧张。由此，提出适合我国A股市场的假设：

H1a：全样本下，控制本期盈利能力后，短期经营应计对下期盈余的贡献为负向；

H1b：全样本下，市场错误定价短期经营应计对下期盈余贡献。

6.2.2 行业层次假设

Stigler（1963）指出，在竞争的市场条件下，企业进入某一行业没有公共或私人障碍，资本可以自由流动。企业往往由获利较少的行业转入获利相对多的行业，或是直接进入获利较多行业比较容易。这样，利润率高的行业由于有越来越多的企业加入，导致更高的生产成本。另外，由于市场需求有限，当竞争的企业达到一定数量时，供给的增加将会导致利润率的降低。也就是说，当产出与投入资本平衡达到最高点时，边际报酬开始递减，而在此之前，处于报酬递增阶段。

从行业层面看，边际报酬递减规律与一个行业的发展、周期，行业内的厂商竞争程度有密切关系。按照产业经济学的分类方法，某一行业的周期可分为新兴期、扩张期和收缩期。当行业处于新兴期，生产厂商少，而需求相对量较大（此前未有此类产品），尽管在初期需投入成本、打开市场，但是供需的悬殊对比将使得企业所获利润迅速补偿并超过前期的资本投资。此阶段，新兴的厂商专注于研发产品、占领市场，主要是对流量资本的竞争，整个行业处于报酬递增的状态，如数据期间的信息技术业等高科技行业。在扩张期，行业的生产技术已经成熟，甚至已落后于行业需求且阻碍其发展，此时行业的生产规模逐渐壮大，成熟、革新的技术带来了更高的生产力，仍有未被开发的市场或技术上升的空间，加之规模的扩大带来的规模效应，行业报酬会继续递增。当生产技术达到一定先进水平，技术提高所花费的成本与新增的收益几近持平，潜在的市场需求已所剩不多，新的厂商进入需要较高的技术水平和全面的经营才能实现时，行业的报酬开始转向递减。在收缩期，市场接近饱和，或者已有新的替代产品出现，生产技术完善但难以满足社会需求，已有厂商向其他行业转型，整个行业仍处于边际报酬递减阶段。当然，行业周期是处于不断循环之中的，收缩期的结束可能意味着新的复苏，也可能是彻底的消亡，但是，大部分行业都在这种循环往复之中获得了新生与进步。

在本书涉及的数据期间（1997年1月1日至2008年4月最后一个交易日），我国经济经历了由低谷转向繁荣的过渡期。金浩、李延军和高素英（2005）对我国1978—2003年的宏观数据进行了研究，发现工业波动是造成经济波动的主导力量。孙广生（2006）运用我国1986—2003年的宏观数据，对行业周期与经济周期是否存在同步性进行研究，同样发现工业增长是经济增长的主要推动力量，推测工业的良好发展导致了经济的景气波动。这说明我国行业周期与经济周期存在一定的协同效应。彭方平和连玉君（2010）选取1999—2006年沪深两市上市公司的财务数据，对我国行业周期的非同步效应进行研究。结果发现：房地产业、农林牧渔业、电力煤气及水的生产和供应业等最先度过收缩期，但电力业于2009年才从负增长走出；制造业、采掘业和社会服务业最迟度过收缩期。陈林和朱卫平（2009）对1998—2006年我国上市公司财务数据进行检验，发现边际报酬递减规律仅存在于部分第二产业，而第一产业、第三产业的生产均满足报酬递增规律①。陈林和朱卫平（2009）将社会生产活动具体划分为38个行业，其中第一产业包括农林牧渔、采矿业、资源初级加工业，具体为5个行业，第二产业包括电力、食品饮料、钢铁、服装鞋类等27个行业，第三产业包括房地产、交通运输等6个行业。结果显示：第二产业中的电力、汽车、钢铁、造纸、服装鞋类等10个行业表现为边际报酬递减。对于社会生产同时存在报酬递增和递减，陈林和朱卫平（2009）的解释是不同行业对

① 国家统计局2003年颁布了新的行业分类标准，将社会生产活动划分为三类产业：第一产业指直接以自然界物质为产品的生产部门，如农林牧渔业，即《上市公司行业分类指引》（以下简称《指引》）中的A类行业；第二产业指以自然界物质为原材料进行加工的生产部门，如采掘业，制造业，电力、煤气及水的生产和供应业，建筑业，即《指引》中的B、C0-C9、D和E类行业；第三产业指从前两类产业演化出的非物质生产部门，如交通运输、仓储业，信息技术业，批发和零售贸易、金融业等行业，即《指引》中除上述两类产业外的其他行业。陈林和朱卫平（2009）采取了西方国家的分类方式，将采掘业、资源初级加工业划为第一产业，主要对应《指引》中的B类行业。

实物资本和人力资本依赖程度不同。

本章仍采用第5章的行业分类方式，即根据证监会2001年颁布的《上市公司行业分类指引》将所有行业分为21类，并剔除了核算方式与其他行业相差较大的金融业。从微观层面看，生产相同或类似的产品的各个企业一般被划为一类行业。从这种意义上看，产品周期影响了企业的生命周期，某种程度反映了所在行业的周期，同样，整个行业的景气与否影响了个别企业的经营状况。此外，单一行业的周期也会受到宏观经济状况的影响，良性的经济发展带动了行业间的相互繁荣，衰退的经济则可能造成购买力下降、需求量减少、有市无价的局面，使得行业发展受到限制。经验证据也证明，我国经济周期与产业周期存在协同效应。考虑到研究样本数据期间我国经济正由收缩转向扩张，本书认为该阶段我国同时存在报酬递增和递减的两类行业。在经济复苏的宏观环境下，加之人力资本较低、市场竞争较小，许多知识密集、人力资本密集的行业正处于发展壮大的有利时机，本书认为这些行业在数据期间的报酬趋向递增，如房地产业，结合我国具体情况（人口众多、归属感强的人文情怀），除去炒作、市场泡沫等因素，该行业率先走出收缩期是经济快速发展的必然结果，并且报酬很可能是递增的。相较而言，生产技术已经成熟、上升空间小，受经济环境影响不大，弹性小的传统物质生产行业极有可能边际报酬递减，如造纸印刷业，金属、非金属等传统制造业。需要说明的是，农林牧渔业虽然为传统行业，但其生产技术由手工至半自动化到全自动化，仍有很大提升空间，加之农林业的科学技术发展提高了单位产量，本书认为该行业报酬趋向递增。研究样本期间正是我国经济逐步走向快速发展的阶段，与同期的经济高速运转的美国有所不同。我国作为传统大国，既有传统行业的包袱，也有新兴市场的巨大潜力。当各行业（包括传统行业）能够吸纳革命性的生产技术时（加之当时我国经济的上升空间很大），这些行业很可能是报酬递增的。一部分传统行业由来已久，行业发展处于瓶颈期，难以有突破性的生产技术出现，这样的传统行业所表现的边际报酬则往往是递减的。因此，样本期间，我国不会全行业显现边际报酬递减趋势，而应是部分行业有此趋势。也就是说，投资增长观能解释我国的部分样本企业。

作为净经营资产增长，应计极大程度地反映了公司在单位会计期间内投入资本变动额经由生产而获得收益的过程，其实质是会计语言描述出的经济活动过程，同样应符合经济学边际报酬递减的基本规律。该规律呈现一定的行业特征，据此，本书认为应计项目的错误定价的投资增长解释也相应地呈现出一定的行业特点。为便于陈述，本书仅在提出假设时，将上文所论述的可能存在边际报酬递减的传统制造业等行业统称为“传统行业”。根据我国国情，提出如下假设：

H2a：部分传统行业样本下，控制本期盈利能力后，长期经营应计与短期经营应计均对下期盈余负向贡献；

H2b：部分传统行业样本下，控制本期盈利能力后，市场均错误定价长期经营应计与短期经营应计对下期盈余的贡献。

6.3 研究设计

6.3.1 变量定义

本章从经济学视角出发，对应计错误定价的投资增长观进行检验。由于公司的投资增长多用于日常生产经营活动，故选取资产负债观下的经营性应计作为表征变量，这与首次提出该假说的FWY提出的净经营资产增长概念一致。根据所属期间的长短不同，经营性应计变量分为短期经营性应计变量和长期经营性应计变量。本书主要对资产负债表法的长、短期经营性应计变量进行论述。

1）短期经营性应计项目

美国财务会计准则95号（SFAS 95）要求必须计算盈余的应计组成部分，以确认现金流量表的经营部分，即经营性现金盈余。与SFAS 95的应计概念类似，Healy（1985）采用经营性应计变量。早期的会计经验研究广泛采用经营性应计项目作为应计表征变量进行研究，并沿用至今。由于该变量除包含一项长期经营资产（折旧摊销）外，其他皆为短期的营运资本，又被称为短期经营性应计、短期净经营资产应计或营运资本应计。在不考虑公司的非经营事项时，本期短期应计项目是本期非现金短期资产中去除本期短期负债的结果。资产负债表中的各种非现金资产和负债的增减反映了短期经营性应计项目，即为非现金营运资本应计项目与折旧摊销的差。具体计算如下，

$$短期经营性应计项目 = (\Delta短期经营资产 - \Delta短期经营负债) - 折旧摊销 \quad (6.1)$$

其中，Δ短期经营资产（负债）指资产负债表中除现金及现金等价物、一年内到期的权益投资、债务和短期借款的经营流动资产（负债）变动，折旧摊销指本期计提的折旧、减值准备和摊销费用。

2）总经营性应计项目

会计应计包括除现金及现金等价物、权益投资和债务外的长、短期净经营资产。总经营性应计项目弥补了短期经营性应计涵盖范围窄的局限，全面反映公司的长、短期净资产变动。Dechow、Richardson 和 Sloan（2008）（以下简称 DRS）研究现金流量的持续性和定价问题时，将应计表征变量定义为净经营资产变动，即运用总经营性应计项目变量。具体为，

$$总经营性应计项目 = \Delta净经营资产 = \Delta非现金资产 - \Delta非借款负债 \quad (6.2)$$

其中，非现金资产指不包含现金及短期投资的经营资产，非借款负债指不包括借款的总负债。

该法计算的应计变量与发现净经营资产异象的 Hirshleifer、Hou 和 Teoh 等（2004）（以下简称 HHTZ）所采用的净经营资产变动表征变量极为相似。不同之处，HHTZ 计算净经营资产变动时，剔除了“Δ非借款负债”中的少数股东权益变动。与 DRS 和 HHTZ 的净经营资产表征变量略有不同，FWY 的净经营资产增长概念涵盖范围相对较小，没有包含应付所得税费用、少数股东权益等项目。为便于横向比较，本书选取 FWY 的净经营资产增长，即总经营性应计作为本章应计表征变量。具体表示为，

$$TOAC_t = \Delta OA_t - \Delta OL_t = \Delta COA_t - \Delta COL_t + \Delta PPE_t + \Delta IA_t + \Delta OTLA_t - \Delta OTLL_t \quad (6.3)$$

其中，$TOAC_t$ 表示 t 期总经营性应计；ΔOA_t 表示 t 期经营资产变动；ΔOL_t 表示 t 期经营负债变动；ΔCOA_t 表示 t 期短期经营资产变动；ΔCOL_t 表示 t 期短期经营负债变动；ΔPPE_t 表示 t 期固定资产变动；ΔIA_t 表示 t

期无形资产变动；$\Delta OTLA_t$表示t期其他长期资产；$\Delta OTLL_t$表示t期其他长期负债。

按期限不同，将总经营性应计分为短期经营性应计和长期净经营资产增长，则：

$$\begin{aligned} COAC_t &= \Delta COA_t - \Delta COL_t \\ &= (\Delta CA_t - \Delta CASH_t - \Delta CI_t - \Delta SEI_t) - (\Delta CL_t - \Delta STD_t) - Dep_t \end{aligned} \tag{6.4}$$

其中，$COAC_t$表示t期短期经营性应计；ΔCOA_t表示t期短期经营资产变动；ΔCOL_t表示t期短期经营负债变动；ΔCA_t表示t期流动资产变动；$\Delta CASH_t$表示t期货币资金变动；ΔCI_t表示t期短期投资；ΔSEI_t表示t期一年内到期的权益投资；ΔCL_t表示t期短期负债变动；ΔSTD_t表示t期一年内到期的长期负债；Dep_t表示t期折旧摊销费用。

$$LOAC_t = TOAC_t - COAC_t \tag{6.5}$$

其中，$LOAC_t$表示t期长期经营性应计，即长期净经营资产变动。

6.3.2 检验模型

检验模型未采用控制NOA_t变量基于以下两点考虑：来自资产负债表的NOA_t是企业净经营资产的历史累积数据，其受益期间往往超过一年，而边际报酬递减需要考察的是某一会计期间（一年内）投入资本与产出的关系，“时期”变量NOA_t与假设的“时点”要求不对等；$RNOA_{t+1}$的产生，是以t期RNOA为基础，辅以t+1期的NOA投入值（总经营性应计）的结果，与边际报酬递减规律的含义对应，所以下述检验模型均建立在控制$RNOA_t$水平的基础上。

1）H1检验模型

在本期收益率的基础上，增加短期净经营资产对下期获利能力的影响，即H1a假设，可以通过如下模型进行检验：

$$RNOA_{t+1} = \beta_0 + \beta_1 RNOA_t + \beta_2 COAC_t + e_{t+1} \tag{6.6}$$

$$RNOA_t = (OI_t + IE_t)/[(NOA_t + NOA_{t-1})/2] \tag{6.7}$$

其中，$RNOA_t$表示t期净经营资产收益率，为t期经营性收益与t期平均净经营资产的比值；t期经营性收益为t期营业利润（OI_t）与t期财务费用（IE_t）之和；NOA_t表示t期净经营资产；$COAC_t$表示规模化后的t

期短期经营性应计，即t期短期经营性应计与t期平均净经营资产的比值。

与同类研究不同，本书采用同期平均净经营资产作为规模化变量基于以下考虑：短期经营性应计作为净经营资产增长的一部分，其投入生产并获得回报的收益率应为短期经营性收益与短期净经营资产的比值。本书旨在检验控制本期企业总的盈利能力的情况下，短期经营性应计对下期总盈利能力的影响，故选择净经营资产作为除数，与所投入资本（短期经营性应计）的资产范畴口径一致。此外，考虑到净经营资产投入生产后，所获得的利润相应的计为经营性收益，本书选取营业利润与财务费用之和替代了净利润。若检验结果支持假设H1a，则$COAC_t$的系数β_2应为负数。

与前两章相同，本书采用Mishkin理性定价模型和套利方法，分别对假设H1b进行经济上和统计上的双重检验。

2）H2检验模型

经济学认为边际报酬收益率递减适用于解释企业的短期生产活动，其中“短期生产”实际上包含了会计学中的长期和短期会计期间。检验边际报酬收益率递减是否能解释应计错误定价，则要检验在控制本期获利能力的情况下，长期经营性应计与短期经营性应计是否都对下期盈利能力有负向的增量解释作用，则检验H2a的模型可写作，

$$RNOA_{t+1} = \beta_0 + \beta_1 RNOA_t + \beta_2 COAC_t + \beta_3 LOAC_t + u_{t+1} \quad (6.8)$$

其中，$LOAC_t$表示经t期平均净经营资产规模化后的t期长期经营性应计。

若检验结果支持H2a，则β_2与β_3的符号均为负。

仍然采用Mishkin理性定价模型和套利方法，对H2b进行经济上和统计上的双重检验。

6.4 统计描述

6.4.1 描述性统计

由表6-1可知，与表5-3中总应计（TAC_t）的统计结果类似，短期

经营性应计平均值也为负（-0.252），这可能是扣除折旧摊销费用的结果。同期总经营性应计（$TOAC_t$）和长期经营性应计（$LOAC_t$）的均值0.117和0.369为正，说明样本公司平均总净经营性资产增长为11.7%，平均长期净经营资产增长为36.9%。总经营性应计的均值0.117远大于中位数-0.032，说明其分布右偏，大于中位数的数值较多，更适合用Spearman进行相关系数检验。

表6-1 全行业①RNOA及各经营性应计变量描述性统计

变量	标准差	均值	中位数	25%分位数	75%分位数
$RNOA_{t+1}$	0.137	0.079	0.030	0.076	0.133
$RNOA_t$	0.128	0.090	0.035	0.084	0.140
$TOAC_t$	0.329	0.117	-0.032	0.098	0.260
$LOAC_t$	0.335	0.369	0.172	0.318	0.512
$COAC_t$	0.375	-0.252	-0.426	-0.222	-0.062

注：表中所有变量均用当期平均净经营资产进行标准化。

下期净经营资产收益率（$RNOA_{t+1}$）和本期净经营资产收益率（$RNOA_t$）均值（中位数）分别为0.079（0.030）和0.090（0.035），说明在数据期间，我国A股市场非金融企业的经营活动获取的利润为正。本期净经营资产收益率高于表5-3的同期标准化盈余（$Earning_t$，即总资产收益率）均值（中位数）0.034（0.010），这是同期平均净经营资产小于平均总资产且净经营资产收益率不显著低于总资产收益率的结果。同期的总经营性应计（$TOAC_t$）、长期经营性应计（$LOAC_t$）和短期经营性应计（$COAC_t$）的标准差分别为0.329、0.335和0.375，说明各经营性应计的波动幅度相当，且普遍高于本期和下期净经营资产收益率的标准差0.128和0.137，可见企业投入的经营性资本较其利润率波动更大。

① 本书“全行业”指我国A股市场除金融行业外的其他所有行业。

6.4.2 相关性分析

由表6-2可知，本期短期经营性应计（$COAC_t$）与下期净经营资产收益率（$RNOA_{t+1}$）的简单无条件相关系数Pearson（Spearman）显著为-0.083（-0.065），说明未控制当期盈利能力的条件下，短期经营性应计对下期的RNOA的贡献为负向。这与美国的相关结果不同，FWY列示的短期经营性应计与$RNOA_{t+1}$的无条件相关系数显著为正（Pearson系数为0.13），在简单控制当期盈利能力后，即做短期经营性应计与下期净经营资产收益率变动的无条件相关性检验时，相关系数才显著为负（-0.30）。在简单控制$RNOA_t$的条件下，即做A股市场本期短期经营性应计与$\Delta RNOA_{t+1}$的相关性检验，未列示出的结果显著为负相关（Pearson系数为-0.129），负相关程度比短期经营性应计与$RNOA_{t+1}$的更强，验证了FWY结果的趋势。同时，与假设H1a预测的结果一致。

表6-2 全行业RNOA及各经营性应计变量的相关系数矩阵

	$RNOA_{t+1}$	$RNOA_t$	$TOAC_t$	$LOAC_t$	$COAC_t$
$RNOA_{t+1}$		0.592 (0.000)	0.091 (0.000)	0.182 (0.000)	-0.083 (0.000)
$RNOA_t$	0.732 (0.000)		0.323 (0.000)	0.249 (0.000)	0.060 (0.000)
$TOAC_t$	0.157 (0.000)	0.333 (0.000)		0.363 (0.000)	0.553 (0.000)
$LOAC_t$	0.226 (0.000)	0.270 (0.000)	0.308 (0.000)		-0.575 (0.000)
$COAC_t$	-0.065 (0.000)	0.043 (0.000)	0.509 (0.000)	-0.569 (0.000)	

注：对角线上方为Pearson相关系数，下方为Spearman相关系数，括号中为P值。

下期净经营资产收益率（$RNOA_{t+1}$）与本期净经营资产收益率（$RNOA_t$）和本期总经营性应计（$TOAC_t$）的Pearson（Spearman）系数分别为0.592（0.732）和0.091（0.157），说明本期具有较高水平盈利能力的企业，在本期可能投入较多的净经营资产，并且下期的盈利能力往往越高。与长期经营性应计（Spearman系数为0.308）相比，短期经营性应计与总经营性应计具有更高的正相关性（Spearman系数为0.509）。同时，短期经营性应计与长期经营性应计显著负相关，Pearson（Spearman）系数为-0.575（-0.569）。

针对前文假设，本书分别采用市场全样本数据和分行业数据进行Mishkin检验和套利检验。

6.5 市场层次经验结果与分析

市场层次假设分为两方面：一方面，假设H1a提出对生产活动中增加的单位营运资本投资与产出（盈余）关系的经济学预测，同时也是对短期经营性应计与净经营资产收益率的会计信息之间关系的预想，即会计信息系统内部的相互作用关系；另一方面，假设H1b旨在检验市场（信息使用者）对会计信息表示出的经济实质的理解程度及相应的判断，即会计信息与外部市场经“第三方”作用后的相互关系。

6.5.1 经营性应计对下期盈余的增量效应检验

1）短期经营性应计对下期盈余的增量效应检验

由相关性检验可知，A股市场的短期经营性应计与下期盈利能力存在简单的负相关关系。在控制本期RNOA的条件下，进一步检验两者关系，对模型（6.6）进行横截面回归检验，Eviews6.0的输出结果见表6-3。

由表6-3可知，在控制$RNOA_t$的条件下，本期营运资本应计对$RNOA_{t+1}$有显著负的增量效应（$\beta_2 = -0.043$，$p<0.000$），验证了假设

表6-3　　控制本期RNOA后，短期经营性应计对下期RNOA的回归检验结果

$RNOA_{t+1} = \beta_0 + \beta_1 RNOA_t + \beta_2 COAC_t + e_{t+1}$

	Coefficient	Std.Error	t-Statistic	Prob.
β_0	0.010429	0.001843	5.660107	0.0000
β_1	0.641474	0.010181	63.00620	0.0000
β_2	−0.043323	0.003471	−12.48226	0.0000
R-squared	0.364055	Mean dependent var		0.079160
Adjusted R-squared	0.363875	S.D.dependent var		0.137080
S.E.of regression	0.109332	Akaike info criterion		−1.588437
Sum squared resid	84.47481	Schwarz criterion		−1.585524
Log likelihood	5 618.123	Hannan-Quinn criter.		−1.587434
F-statistic	2 022.797	Durbin-Watson stat		2.008644
Prob.（F-statistic）	0.000000			

H1a。说明在控制$RNOA_t$的条件下，样本期间A股市场非金融企业的短期经营性应计对下期盈利能力为负向贡献，即短期经营性净资产边际收益率呈递减趋势。

2）长期经营性应计对下期盈余的增量效应检验

FWY发现在控制本期盈利水平的情况下，美国上市公司的长期经营性应计与短期经营性应计对下期盈利能力有等价负向贡献。为探寻我国长期经营性应计是否具有相同的性质，本书对模型（6.8）进行横截面检验，回归结果见表6-4。

表6-4　　**控制本期RNOA后，长期和短期经营性应计对下期RNOA回归检验结果**

$RNOA_{t+1} = \beta_0 + \beta_1 RNOA_t + \beta_2 COAC_t + \beta_3 LOAC_t + u_{t+1}$

	Coefficient	Std.Error	t-Statistic	Prob.
β_0	0.014568	0.002026	7.189125	0.0000
β_1	0.659851	0.010842	60.85822	0.0000
β_2	−0.056345	0.004377	−12.87406	0.0000
β_3	−0.024586	0.005048	−4.870863	0.0000
R-squared	0.366183	Mean dependent var		0.079160
Adjusted R-squared	0.365914	S.D.dependent var		0.137080
S.E.of regression	0.109156	Akaike info criterion		−1.591506
Sum squared resid	84.19212	Schwarz criterion		−1.587623
Log likelihood	5 629.973	Hannan-Quinn criter.		−1.590168
F-statistic	1 360.776	Durbin-Watson stat		2.018660
Prob.（F-statistic）	0.000000			

仅从表6-4看，控制$RNOA_t$后，本期营运资本应计（$\beta_2 = -0.056$，$p<0.000$）和长期经营性应计（$\beta_3 = -0.025$，$p<0.000$）对$RNOA_{t+1}$分别有显著的负向增量效应。进一步对$\beta_2=\beta_3$做Wald检验，以分析短期经营性应计与长期经营性应计是否对$RNOA_{t+1}$有等价效应，结果见表6-5。

表6-5　　**$\beta_2=\beta_3$的Wald检验**

Test Statistic	Value	Df	Probability
F-statistic	57.16407	（1，7066）	0.0000
Chi-square	57.16407	1	0.0000
Null Hypothesis Summary：			
Normalized Restriction　（= 0）		Value	Std.Err.
$\beta_2 - \beta_3$		0.031759	0.004201

由表6-5可知，方程（6.8）在0.0001的置信度下，可以拒绝$\beta_2=\beta_3$的原假设，即长期经营性应计系数与短期经营性应计系数在统计上显著不同。由$\beta_2-\beta_3=0.032$（标准差为0.004），可以推出，$\beta_1=-0.025>$

β_2=-0.056在统计上显著成立。说明在控制$RNOA_t$的情况下，长期经营性应计与短期经营性应计对$RNOA_{t+1}$的负向效应并不等价，短期经营性应计对$RNOA_{t+1}$的负向贡献显著大于长期经营性应计的负向贡献。这与FWY提出的两者等价作用于$RNOA_{t+1}$的结果不同。为检验我国A股市场长期经营性应计对$RNOA_{t+1}$的贡献是否稳定。

本书进一步检验模型（6.9），具体如下，

$$RNOA_{t+1} = \beta_0 + \beta_1 RNOA_t + \beta_3 LOAC_t + e_{t+1} \tag{6.9}$$

由表6-6可知，控制$RNOA_t$后，长期经营性应计对$RNOA_{t+1}$有显著的正向增量效应（β_3 = 0.015，p<0.000）。由表6-4和表6-6联合可知，控制$RNOA_t$后，模型中加入短期经营性应计后，长期经营性应计对$RNOA_{t+1}$的贡献方向并不稳定。这可能是我国A股市场的长期经营性应计与短期经营性应计的相关性较高所致（Pearson系数为-0.575，Spearman系数为-0.569）[①]。说明我国A股市场非金融企业长期经营活动的总体边际报酬未必递减，也间接检验了H2a。

表6-6 **控制本期RNOA后，长期经营性应计对下期RNOA的回归检验结果**

	Coefficient	Std.Error	t-Statistic	Prob.
β_0	0.017354	0.002038	8.514905	0.0000
β_1	0.623947	0.010599	58.86828	0.0000
β_3	0.015108	0.004043	3.737150	0.0002
R-squared	0.351316	Mean dependent var		0.079160
Adjusted R-squared	0.351133	S.D.dependent var		0.137080
S.E.of regression	0.110421	Akaike info criterion		-1.568603
Sum squared resid	86.16695	Schwarz criterion		-1.565691
Log likelihood	5548.013	Hannan-Quinn criter.		-1.567600
F-statistic	1913.683	Durbin-Watson stat		1.993240
Prob.（F-statistic）	0.000000			

① FWY的相应结果为Pearson（Spearman）系数为0.04（0.03）。

由表6-3和表6-6联合可知，控制$RNOA_t$后，短期经营性应计对$RNOA_{t+1}$的贡献方向稳定，再次验证了假设H1a。此外，由表6-3、表6-4和表6-6可知，模型（6.6）与模型（6.8）的样本决定系数（R^2）相当，高于模型（6.9）的R^2，残差的平方和相对较小，说明模型（6.6）与模型（6.8）强于模型（6.9）的解释能力。加之长期经营性应计系数的不稳定性，本书认为模型（6.6）更适合说明我国市场应计错误定价的投资增长解释。

6.5.2 Mishkin 检验

为研究我国投资者是否理解短期经营性应计的边际报酬递减特征，本书对模型（6.6）的Mishkin联立方程进行检验，结果见表6-7。

表6-7　短期经营性应计对下期RNOA效应的Mishkin检验

$RNOA_{t+1} = \beta_0 + \beta_1 RNOA_t + \beta_2 COAC_t + e_{t+1}$

$BHAR_{t+1} = \alpha + \theta(RNOA_{t+1} - \beta_0 - \beta_1^* RNOA_t - \beta_2^* COAC_t) + \varepsilon_{t+1}$

面板A

	估计值	渐进标准误
β_1	0.641	0.000
β_1^*	0.785	0.000
β_2	0.010	0.000
β_2^*	0.056	0.035

面板B

	似然率统计量	边际显著性水平
$RNOA_t$: $\beta_1 = \beta_1^*$	4.573	0.023
$COAC_t$: $\beta_2 = \beta_2^*$	13.408	0.000
$\beta_1 = \beta_1^*$ and $\beta_2 = \beta_2^*$	17.036	0.001

由表6-7可知，短期经营性应计的估计系数β_2^*（0.056）显著大于

预测系数β_2（0.010），说明我国A股市场投资者错误估计了短期经营性应计对企业下期盈利能力的贡献方向，导致了短期经营性应计的错误定价。

为检验模型（6.8）是否能说明市场对长期经营性应计存在错误定价，并验证前述结论，本书对该模型的Mishkin联立方程进行检验，结果见表6-8。

表6-8　**市场层次的长期和短期经营性应计对下期RNOA效应的Mishkin检验**

$$RNOA_{t+1} = \beta_0 + \beta_1 RNOA_t + \beta_2 COAC_t + \beta_3 LOAC_t + e_{t+1}$$
$$BHAR_{t+1} = \alpha + \theta(RNOA_{t+1} - \beta_0 - \beta_1^* RNOA_t - \beta_2^* COAC_t - \beta_3^* LOAC_t) + \varepsilon_{t+1}$$

面板A

	估计值	渐进标准误
β_1	0.659	0.000
β_1^*	0.812	0.000
β_2	0.056	0.000
β_2^*	0.035	0.281
β_3	-0.025	0.000
β_3^*	-0.035	0.312

面板B

	似然率统计量	边际显著性水平
$RNOA_t$：$\beta_1 = \beta_1^*$	3.566	0.059
$COAC_t$：$\beta_2 = \beta_2^*$	7.663	0.005
$LOAC_t$：$\beta_3 = \beta_3^*$	0.114	0.735
$\beta_1 = \beta_1^*$ and $\beta_2 = \beta_2^*$ and $RNOA_t$：$\beta_3 = \beta_3^*$	13.39	0.001

由表6-8可知，长期和短期经营性应计的定价系数都无法通过

mishkin检验，说明长期和短期经营性应计不能同时解释市场买入并持有的超额收益率，验证了前文的推论。

6.5.3 套利检验

为检验短期经营性应计被错误定价是否具有经济上的显著性，本书将所有样本按照短期经营性应计的大小逐年分为十个等级组，然后将各年相应组混合，得到十个应计等级组。由于市场高估了短期经营性应计，因而采用买入最低短期经营性应计等级组，卖出最高短期经营性应计等级组的套利策略，预期会获得超额收益。样本期间，各应计等级组的平均套利结果见表6-9，其变化趋势如图6-1所示。

表6-9　　市场层次各短期经营性应计等级组超额收益率

各等级组	最低	2	3	4	5	6	7	8	9	最高	套利
BHAR	0.040	0.040	0.043	0.063	0.029	-0.013	-0.004	-0.028	-0.032	-0.037	0.077
t值	4.47**	-0.92	2.00**	6.37**	2.77**	-0.81	-0.73	-3.28**	-6.97**	-4.10**	6.08**

注：*和**分别表示通过显著性水平为5%和1%的双尾t检验。

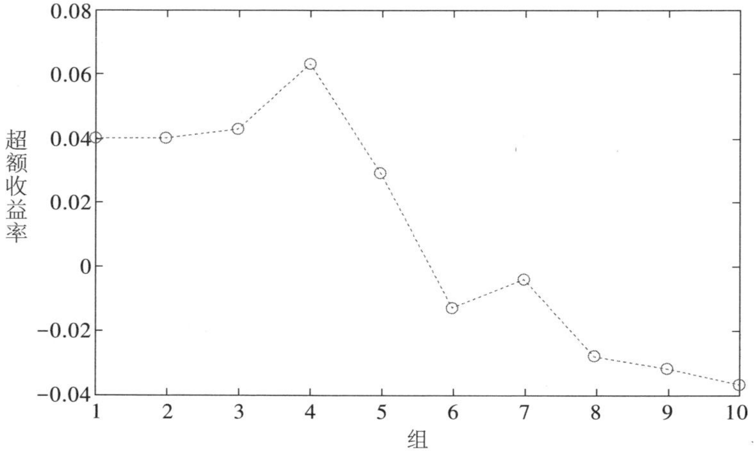

图6-1　市场层次各短期经营性应计等级组超额收益率变化趋势图

由表6-9可知，市场低估了前五个较低短期经营性应计等级组的股票，高估了后五个较高短期经营性应计等级组的股票。样本期间，套利所得最高平均超额收益率为7.7%（t=6.08）。

表6-10　　市场层次各年短期经营性应计策略套利结果

年份	1998	1999	2000	2001	2002	2003	2004	2005	2006
BHAR	−0.030	0.138	0.067	0.041	0.132	0.004	0.002	0.337	0.030
t值	−2.05**	5.59**	4.90**	2.96**	8.43**	2.24**	2.05**	5.22**	−2.02**

注：*和**分别表示显著性水平为5%和1%。

由图6-1可知，全样本的各短期经营性应计套利策略所得超额收益率在第四等级组和第七等级组（不显著）有两个峰值，总体趋势由最低组到最高组逐渐降低。考察各年套利的稳定性，表6-10给出了样本期间各年短期经营性应计套利策略所获得的超额收益率以及t统计量。图6-2给出了市场层次各年短期经营性应计策略套利结果柱状图。与图4-8的1998年的趋势不同，图6-2中1998年套利结果为负值（−3%），2002年的套利结果较高为13.2%，说明总应计套利策略与短期经营性套利策略所捕捉到的信息有所不同，但总的结果类似。

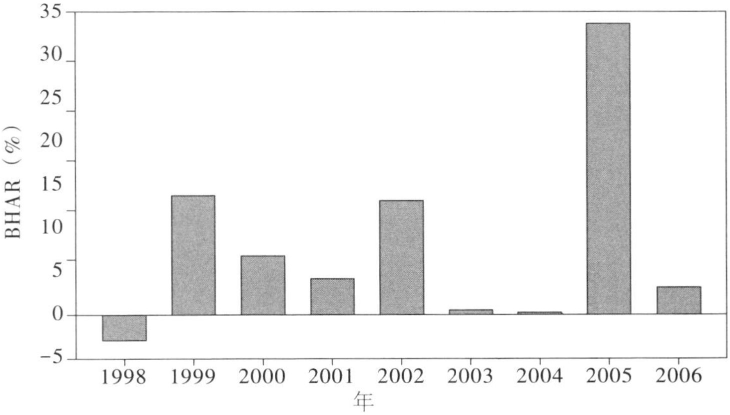

图6-2　市场层次各年短期经营性应计策略套利结果柱状图

6.6　行业层次经验结果与分析

进一步检验我国A股市场的总应计错误定价是否能为投资增长观所解释，本书分行业进行模型（6.8）的Mishkin检验和套利检验。本章划分行业依据与第5章相同。由于套利检验需要将公司年度数据划为十个等级组，因此剔除样本数低于100的行业。根据表5-2的样本分布描述，本检验剔除采掘业、家具业、其他制造业和传播与文化产业四类行业样本，则实际检验样本包括17类行业，共7 068个公司年度数据。

检验结果显示：在C1纺织、服装、皮毛业，C6金属、非金属业，C7机械、设备、仪表业，D电力、煤气及水的生产和供应业四类行业（以下统称“四行业”）中，本期营运资本应计和长期经营性应计对下期盈利能力都有负向增量效应，且市场对该增量效应的方向理解有误，从而高估了营运资本应计和长期经营性应计高的公司。

经济学中的边际报酬递减规律是指建立在技术水平不变的基础上，保持其他生产要素不变，增加某种可变生产要素使总产出增加，在达到某一点后，由于增加相同的生产要素而增加的产出逐渐减少。“技术水平不变”在经济学中被认为是短期生产的特征，会计学中与之相对应的时段一般包括短期会计期间和长期会计期间。因此，短期经营性应计和长期经营性应计都对下期盈利能力有负向贡献，更贴近经济学中边际报酬递减规律的含义。换言之，在“四行业”中，应计错误定价可以由投资增长观解释，即投资者错误理解“四行业”的净经营资产的边际报酬递减，导致了营运资本的错误定价。这也部分验证了陈林和朱卫平（2009）的部分第二产业存在边际报酬递减规律的结论。

“四行业”公司年度数为2 376个，占总样本数的33.6%，粗略说明我国A股市场应计错误定价样本的1/3可以由投资增长观解释。这与FWY发现的美国全样本应计错误定价都可由投资增长观解释不同。分行业检验的具体结果列示如下。

6.6.1 统计描述

1）描述性统计

由表6-11可知，“四行业”的短期经营性应计与全样本相似，平均值分别为-0.273、-0.350、-0.284和-0.418，均低于全样本的-0.252。“四行业”中，纺织、服装、皮毛业（以下简称“C1行业”）的 $RNOA_{t+1}$（0.056）和 $RNOA_t$（0.072）最低，其次为机械、设备、仪表业（以下简称“C7行业”）的 $RNOA_{t+1}$（0.073）和 $RNOA_t$（0.083），均略低于全样本的$RNOA_{t+1}$（0.079）和$RNOA_t$（0.090），说明样本期间C1、C7行业盈利能力低于全行业平均水平。金属、非金属业（以下简称“C6行业”）和电力、煤气及水的生产和供应业（以下简称“D行业”）的本期、下期盈利能力则略高于全行业平均水平。

表6-11　“四行业”RNOA及各经营性应计变量描述性统计

面板A：C1行业RNOA及各经营性应计变量描述性统计					
变量	标准差	均值	中位数	25%分位	75%分位
$RNOA_{t+1}$	0.130	0.056	0.028	0.070	0.119
$RNOA_t$	0.113	0.072	0.033	0.076	0.128
$TOAC_t$	0.294	0.115	−0.034	0.110	0.247
$LOAC_t$	0.266	0.388	0.241	0.365	0.515
$COAC_t$	0.270	−0.273	−0.438	−0.265	−0.117
面板B：C6行业RNOA及各经营性应计变量描述性统计					
$RNOA_{t+1}$	0.126	0.092	0.039	0.086	0.147
$RNOA_t$	0.105	0.101	0.045	0.093	0.148
$TOAC_t$	0.260	0.134	−0.003	0.115	0.261
$LOAC_t$	0.323	0.484	0.287	0.440	0.616
$COAC_t$	0.306	−0.350	−0.499	−0.320	−0.173
面板C：C7行业RNOA及各经营性应计变量描述性统计					
$RNOA_{t+1}$	0.154	0.073	0.019	0.072	0.137
$RNOA_t$	0.143	0.083	0.024	0.079	0.142
$TOAC_t$	0.310	0.083	−0.062	0.066	0.213
$LOAC_t$	0.296	0.367	0.204	0.330	0.485
$COAC_t$	0.374	−0.284	−0.451	−0.251	−0.095
面板D：D行业RNOA及各经营性应计变量描述性统计					
$RNOA_{t+1}$	0.098	0.103	0.048	0.089	0.138
$RNOA_t$	0.106	0.115	0.055	0.104	0.146
$TOAC_t$	0.341	0.168	−0.023	0.094	0.273
$LOAC_t$	0.457	0.586	0.307	0.500	0.717
$COAC_t$	0.330	−0.418	−0.566	−0.370	−0.213

C1和C7行业的$TOAC_t$（$LOAC_t$）的均值0.115（0.388）和0.083（0.367）为正，说明C1和C7行业平均总净经营资产增长率分别为11.5%和8.3%，平均长期净经营资产增长率分别为38.8%和36.7%，与总样本数据相似。说明C1、C7行业虽然投资增长率与全行业相当，但是并未因此使其获利能力达到行业平均水平。C1行业$TOAC_t$（0.294）、$LOAC_t$（0.266）和$COAC_t$（0.270）的标准差低于全样本的0.329、0.335和0.375，说明C1行业各经营性投资的变动较全样本低，其他行业的各经营性投资波动程度则与全行业平均水平接近。与全行业相一致，“四行业”中的经营性应计波动程度普遍高于本行业的$RNOA_{t+1}$和$RNOA_t$标准差0.13和0.113，可见企业投入的经营性资本较其利润率波动仍较大。

2）相关性分析

由表6-12可知，除D行业外，其他三类行业的本期各经营性应计与$RNOA_{t+1}$的简单无条件相关系数均为正，说明未控制当期盈利能力条件下，C1、C6和C7行业各经营性应计对$RNOA_{t+1}$的贡献为正向，即下期的盈利能力越强，则本期盈利水平越高，且投入的净经营资产越多。而在简单控制$RNOA_t$之后，即做三类行业各经营性应计与$\Delta RNOA_{t+1}$的相关性检验，系数都显著为负。这与FWY的研究结果相似，即在简单控制当期盈利能力后，即做短期经营性应计与下期净经营资产收益率变动的无条件相关性检验时，相关系数由以前的显著为正转为显著为负。笔者认为，这可能是投入本期经营性应计所产生的下期经营性收益率为正，但该收益率低于本期盈利能力，故在控制了$RNOA_t$后，显示出了对$RNOA_{t+1}$的负向作用。与三类制造业不同，D行业总经营性应计、短期经营性应计与$RNOA_{t+1}$的相关系数都为负。2006年中国电力行业报告显示，1998—2006年金属、非金属，机械、设备、仪表等第二产业是带动全社会用电量增长的主导因素，说明C1、C6和C7行业的增长与电力行业有直接关系。

表6-12 “四行业”RNOA及各经营性应计变量相关系数矩阵

面板A：C1行业RNOA及各经营性应计变量相关性

	$RNOA_{t+1}$	$RNOA_t$	$\Delta RNOA_{t+1}$	$TOAC_t$	$LOAC_t$	$COAC_t$
$RNOA_{t+1}$		0.569 (0.000)	0.579 (0.000)	0.200 (0.001)	0.149 (0.012)	0.070 (0.240)
$RNOA_t$	0.778 (0.000)		−0.341 (0.000)	0.546 (0.000)	0.316 (0.000)	0.284 (0.000)
$\Delta RNOA_{t+1}$	0.298 (0.000)	−0.251 (0.000)		−0.313 (0.000)	−0.142 (0.000)	−0.201 (0.000)
$TOAC_t$	0.297 (0.000)	0.510 (0.000)	−0.325 (0.000)		0.541 (0.000)	0.558 (0.000)
$LOAC_t$	0.288 (0.000)	0.358 (0.000)	−0.097 (0.000)	0.411 (0.000)		−0.397 (0.000)
$COAC_t$	0.102 (0.088)	0.216 (0.000)	−0.235 (0.000)	0.620 (0.000)	−0.363 (0.000)	

面板B：C6行业RNOA及各经营性应计变量相关性

	$RNOA_{t+1}$	$RNOA_t$	$\Delta RNOA_{t+1}$	$TOAC_t$	$LOAC_t$	$COAC_t$
$RNOA_{t+1}$		0.642 (0.000)	0.585 (0.000)	0.067 (0.877)	0.222 (0.000)	−0.178 (0.000)
$RNOA_t$	0.760 (0.000)		−0.246 (0.000)	0.273 (0.000)	0.342 (0.000)	−0.130 (0.000)
$\Delta RNOA_{t+1}$	0.369 (0.000)	−0.207 (0.000)		−0.204 (0.000)	−0.082 (0.038)	−0.087 (0.027)
$TOAC_t$	0.092 (0.000)	0.286 (0.000)	−0.239 (0.000)		0.465 (0.000)	0.358 (0.000)
$LOAC_t$	0.261 (0.000)	0.339 (0.000)	−0.060 (0.028)	0.333 (0.000)		−0.360 (0.000)
$COAC_t$	−0.203 (0.000)	−0.123 (0.002)	−0.116 (0.003)	0.409 (0.000)	−0.350 (0.000)	

续表

面板C：C7行业RNOA及各经营性应计变量相关性

	$RNOA_{t+1}$	$RNOA_t$	$\Delta RNOA_{t+1}$	$TOAC_t$	$LOAC_t$	$COAC_t$
$RNOA_{t+1}$		0.616 (0.000)	0.500 (0.000)	0.121 (0.000)	0.259 (0.000)	−0.105 (0.001)
$RNOA_t$	0.778 (0.000)		−0.374 (0.000)	0.328 (0.000)	0.338 (0.000)	0.004 (0.884)
$\Delta RNOA_{t+1}$	0.343 (0.000)	−0.212 (0.000)		−0.219 (0.000)	−0.067 (0.028)	−0.129 (0.000)
$TOAC_t$	0.244 (0.000)	0.399 (0.000)	−0.204 (0.000)		0.240 (0.000)	0.639 (0.000)
$LOAC_t$	0.235 (0.000)	0.281 (0.000)	−0.022 (0.056)	0.247 (0.000)		−0.393 (0.000)
$COAC_t$	0.040 (0.184)	0.136 (0.000)	−0.155 (0.000)	0.600 (0.000)	−0.530 (0.000)	

面板D：D行业RNOA及各经营性应计变量相关性

	$RNOA_{t+1}$	$RNOA_t$	$\Delta RNOA_{t+1}$	$TOAC_t$	$LOAC_t$	$COAC_t$
$RNOA_{t+1}$		0.756 (0.000)	0.252 (0.000)	−0.069 (0.022)	0.050 (0.058)	−0.140 (0.013)
$RNOA_t$	0.805 (0.000)		−0.443 (0.000)	0.103 (0.000)	0.163 (0.000)	−0.120 (0.032)
$\Delta RNOA_{t+1}$	0.263 (0.000)	−0.253 (0.000)		−0.246 (0.000)	−0.173 (0.000)	−0.014 (0.085)
$TOAC_t$	−0.064 (0.354)	0.077 (0.174)	−0.282 (0.000)		0.694 (0.000)	0.072 (0.020)
$LOAC_t$	0.082 (0.145)	0.193 (0.001)	−0.217 (0.000)	0.443 (0.000)		−0.368 (0.000)
$COAC_t$	−0.132 (0.019)	−0.115 (0.041)	−0.019 (0.039)	0.320 (0.000)	−0.316 (0.000)	

注：对角线上方为Pearson相关系数，下方为Spearman相关系数，括号中为P值。

表6-11中，D行业的$TOAC_t$的均值为0.168，即总净经营资产增长率为16.8%，大于其他三个制造业的总净经营资产增长率，以满足制造业的用电需求。样本期间，我国缺电情况较为严重，提高供电量一直是电力行业主要目标之一。世界银行的一份研究报告指出，生产1美元产值的投资，电力行业需4.3美元，其他行业为2.0美元以下，轻工业为1.0美元以下，说明电力行业属资金密集型行业，提高供电量需要大量资金的投入。

由表6-11和表6-1也可看出，D行业本期及下期盈利能力大于C1、C6、C7行业，乃至全行业平均水平。由于用电缺口大，资金需要量多，虽然D行业的总经营性应计增长率高（高于全行业平均水平11.7%），但是仍难以完全解决供电紧张的问题，导致D行业的$TOAC_t$与$RNOA_{t+1}$的负相关性，即总经营性应计的增长较一般行业高，也未能使其获利能力在短期内提高。

与全行业样本相比，C1、C6和D行业的$LOAC_t$与$TOAC_t$正相关性普遍增强，$COAC_t$与$TOAC_t$的相关性相对减弱，D行业中，甚至前两者相关性强于后两者。“四行业”的$COAC_t$与$LOAC_t$的相关系数明显低于全行业样本Pearson（Spearman）系数-0.575（-0.569），说明两者共线的可能性降低。

6.6.2 长期经营性应计对下期盈余的增量效应检验

为检验各行业样本的超额回报是否能够由模型（6.8）解释，本部分对模型（6.8）按行业进行回归，结果见表6-13。

表6-13 “四行业”长期经营性应计对下期盈余的增量效应检验

$RNOA_{t+1}=\beta_0+\beta_1 RNOA_t+\beta_2 COAC_t+\beta_3 LOAC_t+u_{t+1}$							
行业代码	β_0	β_1	β_2	β_3	$\beta_2=\beta_3$	Adj - R^2	DW
C1	0.003 (0.786)	0.755 (0.000)	-0.060 (0.044)	-0.079 (0.007)	(0.049)	0.336	2.122
C6	0.0101 (0.133)	0.787 (0.000)	-0.044 (0.007)	-0.068 (0.000)	(0.074)	0.428	1.825
C7	0.008 (0.165)	0.669 (0.000)	-0.012 (0.040)	-0.050 (0.000)	(0.004)	0.391	2.080
D	0.024 (0.001)	0.710 (0.000)	-0.042 (0.000)	-0.053 (0.000)	(0.036)	0.595	2.001

注：括号中为p值。

由表6-13可知，在控制$RNOA_t$后，“四行业”的$COAC_t$和$LOAC_t$对$RNOA_{t+1}$均有负向贡献。C1调整后的样本决定系数为0.336，是“四行业”中最低的，但相对于前述模型，模型（6.8）可以较好解释C1行业样本，说明模型（6.8）对“四行业”的平均解释度较高。

C1行业DW值为2.122，经查表知，C1行业样本在至少0.01的置信度下通过残差序列的自相关性检验。DW值=2，说明样本残差非自相关；0<DW值<2，说明样本残差在一定显著性水平下正相关；2<DW值<4，说明样本残差在一定显著性水平下负相关。由表6-13可知，C7、D行业的DW值好于C1行业，说明其残差独立性较好。经查表，C6行业在至少0.01的置信度下通过残差序列的自相关性检验。说明“四行业”样本残差特性满足OLS的回归前提。上述结果说明，在部分传统行业，如纺织、服装、皮毛业，金属、非金属业，机械、设备、仪表业三类制造业，电力、煤气及水的生产和供应业，存在总的净经营资产的边际递减，并且该规律解释了这些行业的应计错误定价现象，验证了H2a。

对$COAC_t$和$LOAC_t$的系数是否相等进行Wald检验，发现C1、C6和D行业拒绝$\beta_2=\beta_3$原假设犯错误的概率高达40%，说明这三类行业的$COAC_t$和$LOAC_t$对$RNOA_{t+1}$的负向增量效应是等价的，与全样本检验的结果相反。这与FWY的研究结果一致，说明我国C1、C6和D行业样本经营性应计特征与全行业样本有所不同。同时说明，在C1、C6和D行业样本下，当$LOAC_t$与$COAC_t$都对$RNOA_{t+1}$有稳定增量效应时[①]，$LOAC_t$和$COAC_t$对$RNOA_{t+1}$的作用是等价的。进而说明，C1、C6和D行业中，投入长期经营性应计与投入短期经营性应计同样可能出现报酬递减现象。

C7行业中的$COAC_t$和$LOAC_t$的系数显著不等（P<0.004），说明该行业的$LOAC_t$和$COAC_t$对$RNOA_{t+1}$的负向效应有所不同。C7行业的样本数量为1 148，占“四行业”样本数的48.3%，占全行业样本数的16.2%，一定程度上说明了我国应计错误定价的投资增长解释与美国

① $LOAC_t$与$COAC_t$的相关系数相对不高（-0.397），且未列示的结果显示在控制$RNOA_t$后，模型中$LOAC_t$的系数显著为负。

不同，即C7行业的长期经营性应计与短期经营性应计的边际报酬呈递减趋势，但两者并不等价，也说明了应计错误定价还可能存在其他解释。

6.6.3 Mishkin检验

由表6-14可知，市场对“四行业”长期经营性应计和短期经营性应计对下期盈利能力的增量效应理解有误，分别高估了“四行业”中长期经营性应计高的公司和短期经营性应计高的公司。其中，C1、C6和D行业的$LOAC_t$的显著性水较一般Mishkin方程的边际显著性水平性高，这是由于三类行业各自样本量较小，对数据要求较高导致的。当然，$LOAC_t$的边际显著性水平超过10%能够说明结果在统计上的显著性。C7行业则由于样本数量较多，Mishkin方程中各系数的边际显著性水平较好。需要说明的是，虽然样本数量多，但是Mishkin方程各系数显著是建立在样本能被方程解释的基础上，全行业样本下，Mishkin方程中的系数未通过检验，可以说明这一点。

表6-14 “四行业”的长、短期经营性应计对下期RNOA效应的Mishkin检验

$RNOA_{t+1} = \beta_0 + \beta_1 RNOA_t + \beta_2 COAC_t + \beta_3 LOAC_t + e_{t+1}$

$BHAR_{t+1} = \alpha + \theta(RNOA_{t+1} - \beta_0 - \beta_1^* RNOA_t - \beta_2^* COAC_t - \beta_3^* LOAC_t) + \varepsilon_{t+1}$

预测系数		估价系数		$\beta_i = \beta_i^*$ 似然率统计量（边际显著性水平）
参数	估计值（近似标准误）	参数	估计值（近似标准误）	
面板A：C1行业Mishkin检验				
β_1	0.755 (0.002)	β_1^*	0.819 (0.023)	3.009 (0.074)
β_2	−0.060 (0.042)	β_2^*	0.096 (0.037)	3.014 (0.072)
β_3	−0.079 (0.006)	β_3^*	0.096 (0.024)	4.303 (0.036)

续表

预测系数		估价系数		$\beta_i=\beta_i^*$ 似然率统计量 （边际显著性水平）
参数	估计值 （近似标准误）	参数	估计值 （近似标准误）	
面板B：C6行业Mishkin检验				
β_1	0.788 （0.001）	β_1^*	1.044 （0.001）	2.858 （0.083）
β_2	−0.044 （0.007）	β_2^*	0.116 （0.037）	5.697 （0.019）
β_3	−0.069 （0.000）	β_3^*	0.052 （0.045）	3.014 （0.072）
面板C：C7行业Mishkin检验				
β_1	0.669 （0.041）	β_1^*	0.846 （0.001）	2.526 （0.092）
β_2	−0.013 （0.041）	β_2^*	0.101 （0.023）	3.750 （0.045）
β_3	−0.050 （0.001）	β_3^*	0.045 （0.014）	7.952 （0.004）
面板D：D行业Mishkin检验				
β_1	0.711 （0.000）	β_1^*	0.577 （0.004）	3.432 （0.065）
β_2	−0.042 （0.001）	β_2^*	0.022 （0.021）	3.962 （0.049）
β_3	−0.053 （0.002）	β_3^*	0.050 （0.041）	3.014 （0.072）

上述结果验证了H2b，说明在“四行业”中，经营性应计的边际报酬递减信息未被投资者捕捉到，一定程度上导致了“四行业”经营性应计的错误定价。

6.6.4 套利检验

为验证H2b经济上的显著性，本书对“四行业”样本分别进行套利检验。套利策略如前文所述，本次检验将各行业分别按长期和短期经营性应计大小进行分组，混合各年数据后，得到十个长期经营性应计等级组和十个短期经营性应计等级组，分别进行套利，结果见表6-15。

表6-15　**“四行业”的各长、短期经营性应计等级组超额收益率**

经营性应计等级组		最低	2	3	4	5	6	7	8	9	最高	套利
面板A：C1行业长、短期经营性应计组超额收益率												
$COAC_t$	BHAR	0.023	0.131	0.003	-0.025	0.071	-0.024	-0.043	0.104	0.002	-0.025	0.048
	t检验	-5.36**	0.50	3.02**	0.75	5.10**	3.35**	-1.99*	1.87*	-1.25	0.33	-2.45**
$LOAC_t$	BHAR	0.035	0.249	-0.093	-0.046	-0.154	-0.039	0.040	0.031	0.072	-0.044	0.079
	t检验	5.0**	2.48**	2.63**	4.01**	5.14**	-0.29	-0.87	-8.70	-5.36**	-4.45**	4.57**
面板B：C6行业长、短期经营性应计组超额收益率												
$COAC_t$	BHAR	0.037	-0.046	0.087	-0.029	-0.062	0.003	-0.120	-0.128	-0.066	0.007	0.030
	t检验	4.4**	3.6**	3.6**	3.3**	3.9**	1.0	-0.0	-7.9**	-6.34**	-2.5**	3.7**
$LOAC_t$	BHAR	-0.059	-0.014	-0.100	0.053	0.025	-0.131	-0.059	0.052	0.010	-0.126	0.067
	t检验	2.1**	-1.5*	0.56	6.6**	3.3**	-2.7**	3.3**	-8.9**	-3.4**	-2.8**	2.9**
面板C：C7行业长、短期经营性应计组超额收益率												
$COAC_t$	BHAR	0.105	0.043	0.061	0.100	-0.019	-0.013	0.017	-0.071	-0.050	-0.049	0.155
	t检验	4.2**	4.4**	2.6**	4.0**	4.7**	1.7*	1.5*	-6.1**	-5.7**	-2.4**	3.6**
$LOAC_t$	BHAR	0.015	-0.100	0.044	0.114	-0.023	-0.059	0.148	-0.017	-0.015	-0.005	0.020
	t检验	2.7**	-1.6*	1.6*	6.7**	3.2**	-1.63*	4.0**	-9.5**	-3.4**	-1.9*	3.2**
面板D：D行业长、短期经营性应计组超额收益率												
$COAC_t$	BHAR	0.057	0.015	0.031	-0.103	0.025	-0.038	-0.027	-0.103	-0.065	-0.016	0.073
	t检验	4.4**	3.2**	3.7**	2.5**	3.8**	0.4	-0.3	-8.7**	-7.1**	-2.8**	3.3**
$LOAC_t$	BHAR	-0.030	0.005	0.028	0.011	-0.008	-0.137	-0.073	0.042	-0.028	-0.057	0.027
	t检验	1.7*	-1.47	0.54	6.5**	3.4**	-3.7**	2.9**	-8.6**	-3.8**	-3.1**	4.2**

注：*和**分别表示通过显著性水平为5%和1%的双尾t检验。

由表6-15可知，C1行业短期和长期经营性应计套利所获超额回报分别显著为4.8%和7.9%，是“四行业”中长期经营性应计套利最多的行业。C6行业短期和长期经营性应计套利所获超额回报分别显著为3%和6.7%，C7行业短期和长期经营性应计套利所获超额回报分别显著为15.5%和2%，是“四行业”中短期经营性应计套利最多的，也是两种套利超额回报之和（17.5%）最高的行业。D行业短期和长期经营性应计套利所获超额回报分别显著为7.3%和2.7%。由此，进一步验证了H2b，说明边际报酬递减导致的长、短期经营性应计的错误定价在经济上是显著的。

表6-16　**“四行业”的长、短期经营性应计策略套利结果合计**

行业代码	C1	C6	C7	D	均值
BHAR	0.127	0.097	0.175	0.100	0.125

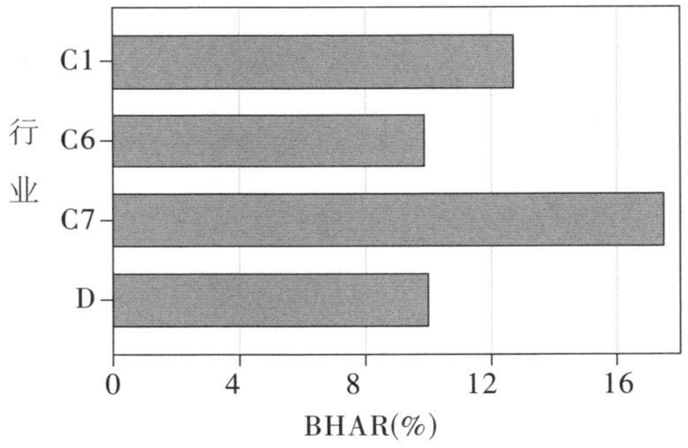

图6-3　“四行业”的长、短期经营性应计策略套利结果合计柱状图

由表6-16和图6-3可知，C6金属、非金属和D电力、煤气及水的生产和供应的超额收益率基本一致，均很接近10%。C7机械、设备、仪表和C1纺织、服装皮毛、行业的超额收益率明显高于前两类行业，“四行业”平均获得了12.5%的长、短期经营性应计策略套利的超额收益。说明长、短期经营性应计策略套利高于单独采用短期经营性应计策略的套利结果。

6.7 稳健性检验

Kraft、Leone和Wasley（2007）对采用Mishkin理性框架进行检验的会计文献进行研究，发现在样本量较大时，最小二乘法（OLS）与Mishkin检验等价。OLS的优点是计算简便，但是没有Mishkin检验严谨。本节运用OLS分别对假设H1b和假设H2b进行稳健性检验。

6.7.1 Mishkin定价检验的OLS模型

由模型（6.8）的Mishkin联立方程得，

$$RNOA_{t+1} = \beta_0 + \beta_1 RNOA_t + \beta_2 COAC_t + \beta_3 LOAC_t + e_{t+1}$$

$$BHAR_{t+1} = \alpha + \theta(RNOA_{t+1} - \beta_0 - \beta_1^* RNOA_t - \beta_2^* COAC_t - \beta_3^* LOAC_t) + \varepsilon_{t+1}$$

将预测方程带入估价方程，则有，

$$BHAR_{t+1} = \alpha + \theta(\beta_1 RNOA_t + \beta_2 COAC_t + \beta_3 LOAC_t + e_{t+1} - \beta_1^* RNOA_t - \beta_2^* COAC_t - \beta_3^* LOAC_t) + \varepsilon_{t+1} \quad (6.10)$$

合并同类项，则有，

$$BHAR_{t+1} = \alpha + \theta(\beta_1 - \beta_1^*)RNOA_t + \theta(\beta_2 - \beta_2^*)COAC_t + \theta(\beta_3 - \beta_3^*) LOAC_t + \theta e_{t+1} + \varepsilon_{t+1} \quad (6.11)$$

令$\delta_0 = \alpha$，$\delta_i = \theta(\beta_i - \beta_i^*)$，$v_{t+1} = \theta e_{t+1} + \varepsilon_{t+1}$则模型（6.11）可写作，

$$BHAR_{t+1} = \delta_0 + \delta_1 RNOA_t + \delta_2 COAC_t + \delta_3 LOAC_t + v_{t+1} \quad (6.12)$$

同理，模型（6.6）的Mishkin联立方程的OLS模型为，

$$BHAR_{t+1} = \delta_0 + \delta_2 COAC_t + \delta_3 RNOA_t + v_{t+1} \quad (6.13)$$

由上述推导过程可知，市场对某一变量高估时，回归方程中该变量的系数应显著为负，反之则显著为正。

6.7.2 市场层次多元回归分析

1）假设H1b的OLS检验

由表6-17可知，在控制了本期RNOA后，短期经营性应计对下期买入并持有超额收益有负向贡献，说明短期经营性应计越高，超额回报越低，则进行反向操作，买入短期经营性应计高股票，卖出短期经营性应计低股票，可以提高超额回报，进而说明市场对短期经营性应计被高估。

表6-17 **控制本期RNOA后，短期经营性应计对BHAR的OLS回归检验结果**

$BHAR_{t+1} = \delta_0 + \delta_1 RNOA_t + \delta_2 COAC_t + v_{t+1}$					
系数	δ_0	δ_1	δ_2	Adj-R^2	DW
估计值（t值）	−0.013（−2.361）	−0.103（−2.34）	−0.070（−3.876）	0.238	2.103

2）盈利样本套利检验

第4章和第5章分别检验了盈利样本下的总应计套利和非正常应计套利，结果显示两种应计的盈利样本套利结果高于全样本，间接验证了陆建桥（1999）亏损公司亏损当年进行盈余管理的结论。短期经营性应计同时具有会计属性，也会受到盈余管理的影响，因此，对盈利样本下的短期经营性应计套利进行检验，结果见表6-18和图6-4。

表6-18 **市场层次各短期经营性应计等级组超额收益率（盈利样本）**

各等级组	最低	2	3	4	5	6	7	8	9	最高	套利
BHAR	0.039	0.026	0.035	0.046	0.039	0.054	0.020	−0.021	0.010	−0.064	0.102
t检验	3.39**	3.69**	3.20**	3.04**	−1.18	3.33**	0.51	−3.11**	0.82	−6.25**	5.63**

注：*和**分别表示显著性水平为5%、1%

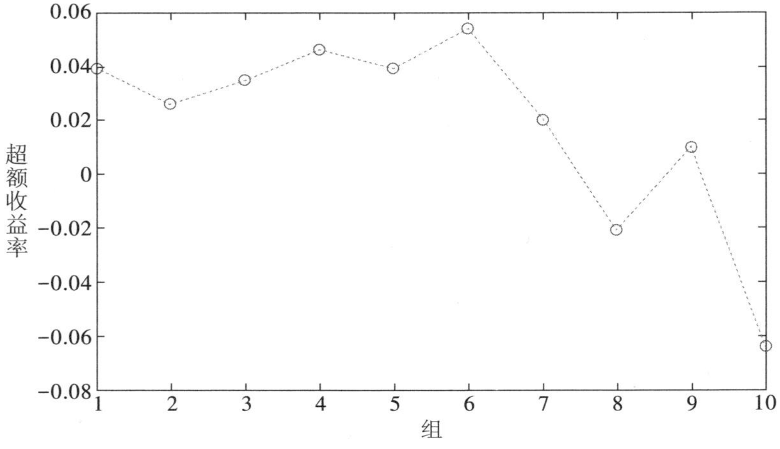

图6-4 市场层次各短期经营性应计组超额收益率变化趋势（盈利样本）

由表6-18可知，盈利样本下，短期经营性应计套利达到10.2%，高于全样本的7.7%，接近Sloan（1996）的10.4%，说明短期经营性应计的错误定价受到了盈余管理的影响[①]。需要说明的是，投资增长观没有考虑盈余管理的因素，直接对经营性应计的错误定价进行解释，是暗含了一个前提假设，即企业盈余管理行为与其所在行业的具体状况对应，不同行业的盈余管理幅度是不同的，如零售业与钢铁业，前者小额进出频繁，后者的每笔收支相对巨大，若存在盈余管理，笔者认为两行业的盈余管理不具可比性。此外，第5章采用的Jones横截面模型是考虑了行业因素进行回归估计出的非正常应计，因此没有考虑盈余管理因素，对投资增长的解释力度不大，但说明应计错误定价同时受到盈余管理和边际报酬递减规律的影响。

由图6-4可知，总体看各短期经营性应计等级组的超额回报左高右低，即低等级组获利为正，高等级组获利趋向为负，正、负分界点在7、8等级组之间。

由表6-19和图6-5可知，盈利样本下的短期经营性应计套利结果比全样本下更稳定，除1998年外，其余各年获利均为正，进一步验证了假设H1b。

表6-19 **市场层次各年短期经营性应计策略套利结果（盈利样本）**

年份	1998	1999	2000	2001	2002	2003	2004	2005	2006
BHAR	−0.012	0.202	0.090	0.065	0.145	0.028	0.052	0.360	0.017
t值	3.44**	8.34**	7.96**	4.87**	9.36**	1.58*	−2.28**	4.10**	2.48**

注：*和**分别表示显著性水平为5%、1%

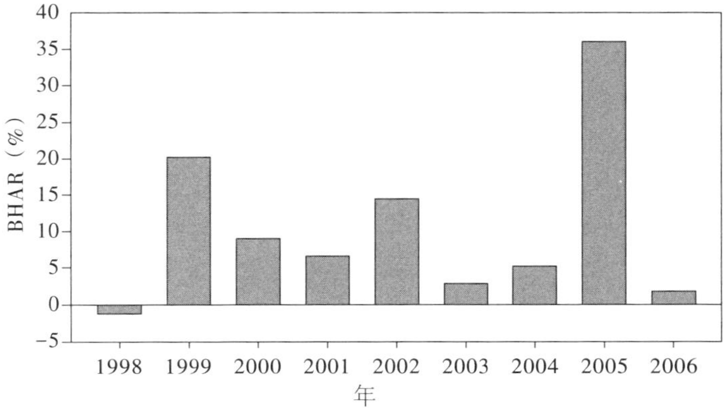

图6-5 市场层次各年短期经营性应计策略套利结果柱状图（盈利样本）

① 第5章已指出，盈余管理对应计错误定价的影响也可能是负向的，即降低了应计错误定价，如“洗大澡”。

6.7.3 行业层次多元回归分析

由表6-20可知，在控制本期RNOA后，“四行业”的长、短期经营性应计均对下期超额回报有显著的负的增量效应，说明市场高估了“四行业”的长、短期经营性应计，验证了H2b。

表6-20 控制本期RNOA后，“四行业”的长、短期经营性应计对BHAR的OLS回归检验结果

$BHAR_{t+1} = \delta_0 + \delta_1 RNOA_t + \delta_2 COAC_t + \delta_3 LOAC_t + v_{t+1}$					
行业	δ_0	δ_1	δ_2	δ_3	Adj-R^2
C1	-0.010 (-2.134)	-0.038 (-2.092)	-0.103 (-1.581)	-0.021 (2.118)	0.161
C6	-0.019 (-2.454)	-0.214 (-2.954)	-0.134 (-2.389)	-0.068 (1.701)	0.116
C7	-0.005 (-2.168)	-0.184 (-1.825)	-0.238 (-3.706)	-0.076 (-1.883)	0.319
D	-0.040 (-1.772)	0.172 (1.669)	-0.139 (-2.275)	-0.082 (-1.725)	0.156

6.8 持续观与投资增长观的融合

6.8.1 假设的提出

作为权责发生制的产物，应计项目自身具有一定的不稳定性，如固定资产折旧的计提，随着固定资产报废、毁损或出售等，计提的折旧可能在相邻两个会计期间内变化极大。应计项目可以弥补现金制的配比和及时性问题，能够定期衡量企业管理层的经营业绩，应计项目的计算存在一定的可选择性，为管理层操纵应计提供了空间。当然，应计项目的计算需要职业判断，主要是便于各企业根据自身情况选择计算应计项目的方法，更好地反映本企业的经营状况。从会计学视角看，应计项目由于自身或人为的因素影响，存在反转的可能。

资产负债观下，运用应计项目计算出的经营性收益，也可看作净经营资产增长，这与边际报酬递减规律中的“投入要素”匹配。基于应计项目这一投资增长的经济学属性，Fairfield、Whisenant和Yohn（2003a）提出了应计错误定价的投资增长观，这里称之为投资增长观。

尽管Fairfield、Whisenant和Yohn（2003a）在提出投资增长观之初否定了持续观，但显然，应计项目的自身属性决定了两种观点会同时作用于应计错误定价这一现象。此后研究应计错误定价存在性的文献多以持续观为理论假设进行检验，如李远鹏和牛建军（2007）。支持应计错误定价的投资增长观的文献也很多，第3章已详细论述，这里不再赘述。近年来，学者开始试图将两种观点融合起来，共同解释应计错误定价，如Martin（2007a，2007b）从宏观经济学视角，将宏观经济分为扩张和收缩两阶段，认为不同的经济阶段，持续观和投资增长观对应计错误定价的作用大小不同。Yehuda和Hribar（2008）则从企业微观视角出发，将企业划分为初创期、成长期、成熟期和衰退期，并剔除了初创期样本，对剩余三个阶段的企业进行检验，指出持续观和投资增长观对处于生命周期不同阶段的企业影响不同。

从两种观点的具体解释看，持续观与投资增长观也有一定的联系，如投资增长观提出了经营性应计对下期盈利能力的负向贡献。这说明经营性应计增加，盈利能力没有相应增加。如果将盈利能力看作净经营资产标准化后的盈余，将经营性应计看作净经营资产标准化后的应计，则经营性应计的增加意味着盈余未随之增加，说明本期应计盈余的持续性不高，在未来期间可能反转，而这是持续观理论解释的一部分。

由于投资增长观仅解释了A股市场的四类行业样本，本书提出假设：

H1：持续观与投资增长观共同作用于应计错误定价。

6.8.2 模型建立

Warfield、Wild和Wild（1995）在研究管理层持股对盈余的信息含量和可操纵应计调整幅度的影响时，运用了带有交互项的混合样本横截面回归模型。结合本节的研究目的，借鉴Warfield、Wild和Wild（1995）的建模思路建立模型（6.14）和模型（6.15）。

$$BHAR_{t+1} = \delta_0 + \delta_1 RNOA_t + \delta_2 LOAC_t + \delta_3 COAC_t + \delta_4 COAC_t{*}NAC_t + \delta_5 COAC_t{*}ABNAC_t + v_{t+1} \quad (6.14)$$

$$BHAR_{t+1} = \delta_0 + \delta_1 RNOA_t + \delta_3 COAC_t + \delta_4 COAC_t{*}NAC_t + \delta_5 COAC_t{*}ABNAC_t + v_{t+1} \quad (6.15)$$

其中：NAC_t表示t期正常应计；$ABNAC_t$表示t期非正常应计[①]。

本节旨在检验持续观与投资增长观是否同时作用于应计错误定价。与林翔和陈汉文（2005）相同，本节选取基本Jones模型估计出的正常应计和非正常应计分别作为投资增长观和持续观的表征变量。Jones模型是通过企业中正常的销售增长和固定资产增长来衡量正常应计。Lakonishok、Shleifer和Vishny（1994）以及Desai、Rajgopal和Venkatachalam（2004）也将销售增长作为增长的表征变量。说明与销售增长和资本支出增长对应的非正常应计能够表达增长的性质。不能为Jones模型所解释的残差，被认为是非正常应计，作为盈余管理的表征变量。而持续观解释应计错误定价的另一经验证据是非正常应计的错误定价几乎与总应计错误定价等价，因此，非正常应计可以充分表达持续观的含义。

Jones模型是针对日常销售和固定资产增减而建立的模型，没有考虑长期经营性应计的盈余管理，因而所分解的应计变量对应的是短期经营性应计概念，故模型（6.14）和模型（6.15）仅将长期经营性应计作为控制变量，而没有考察正常、非正常应计对其的影响。相对长期经营性应计而言，本节中正常应计衡量的是短期增长，非正常应计衡量的是短期盈余管理。由于我国的四类行业样本可以由投资增长观解释，本节运用模型（6.14）对“四行业”样本进行检验，其他行业则用模型（6.15）检验。

模型（6.14）中，系数δ_4表示正常应计和短期经营性应计的交互作用，以及短期经营性应计受正常应计影响的程度；系数δ_5表示非正常应计和短期经营性应计的交互作用，以及短期经营性应计受非正常应计影响的程度。具体而言，当控制了$RNOA_t$和$LOAC_t$后，提取同类项$COAC_t$，可以得到系数$(\delta_3 + \delta_4 NAC_t + \delta_5 ABNAC)$。当$\delta_4$（或$\delta_5$）显著为

① 此处正常应计与非正常应计变量均根据基本Jones的横截面模型计算所得，具体见第5章。

正或负时，说明短期经营性应计与$BHAR_{t+1}$之间的关系受正常应计（非正常应计）的正向或负向影响程度。模型（6.15）的解释同理可得。根据假设H1，预测模型（6.14）和模型（6.15）中的系数δ_4和δ_5应显著区别于零，并且由于增长和盈余管理对$BHAR_{t+1}$的负向作用，其应显著为负值。

6.8.3 多元回归结果与分析

1）“四行业”回归结果与分析

由表6-21可知，在控制$RNOA_t$和$LOAC_t$后，“四行业”的δ_4和δ_5都显著为负，验证了本节假设H1，说明持续观和投资增长观共同作用于“四行业”的应计错误定价。而且，“四行业”中δ_2显著为负，再次验证了6.2.2节中的假设H2a，说明长期经营性应计对$BHAR_{t+1}$的负向贡献。此外，“四行业”中的δ_5大于δ_4，说明短期看，盈余管理因素对应计错误定价的影响更大。

表6-21　控制本期RNOA后，“四行业”的长、短期经营性应计，正常应计对短期经营性应计的交互作用，非正常应计对短期经营性应计的交互作用对下期BHAR的回归结果

$$BHAR_{t+1}=\delta_0+\delta_1 RNOA_t+\delta_2 LOAC_t+\delta_3 COAC_t+\delta_4 COAC_t*NAC_t+\delta_5 COAC_t*AbNAC_t+v_{t+1}$$

	δ_0	δ_1	δ_2	δ_3	δ_4	δ_5	Adj-R^2
C1	0.019 （2.286）	−0.147 （−2.338）	−0.024 （2.131）	−0.046 （−1.592）	−0.031 （−2.031）	−0.449 （1.923）	0.193
C6	−0.013 （−2.173）	−0.201 （1.532）	−0.072 （1.790）	0.109 （−1.127）	−0.032 （−2.088）	−0.234 （−1.841）	0.129
C7	−0.004 （−1.456）	−0.132 （−2.029）	−0.056 （1.867）	0.251 （−1.350）	−0.119 （−1.740）	−0.126 （−1.215）	0.334
D	−0.037 （−1.735）	0.182 （−1.519）	−0.108 （−2.307）	0.188 （−1.833）	−0.019 （−2.080）	−0.043 （−1.595）	0.188

2）其他行业回归结果与分析

本书运用模型（6.15）对除上述“四行业”外的其他17类行业进行混合样本的横截面回归，结果见表6-22。

表6-22　　控制本期RNOA后，其他行业的短期经营性应计，正常应计对短期经营性应计的交互作用，非正常应计对短期经营性应计的交互作用对下期BHAR的回归结果

$BHAR_{t+1} = \delta_0 + \delta_1 RNOA_t + \delta_3 COAC_t + \delta_4 COAC_t*NAC_t + \delta_5 COAC_t*ABNAC_t + v_{t+1}$						
系数	δ_0	δ_1	δ_3	δ_4	δ_5	Adj-R^2
估计值（t值）	-0.012（-2.210）	0.050（2.598）	-0.140（-2.935）	-0.020（2.156）	-0.042（-3.695）	0.185

由表6-22可知，其他行业样本中，控制$RNOA_t$后，$COAC_t$对$BHAR_{t+1}$有负向增量效应，再次验证了6.2.1节的假设H1a。其他行业样本中，δ_4和δ_5都显著为负，验证了本节的假设H1。持续性观从短期看，其他行业样本中，盈余管理对短期经营性应计与$BHAR_{t+1}$关系的作用仍然大于增长因素。

6.9 新准则下经营性应计错误定价与投资增长再检验

6.9.1 统计描述

由表6-23可知，新准则下样本期间短期经营应计$COAC_t$平均增长率为-32.4%，与长期经营性应计$LOAC_t$平均增长率24.6%的方向相反，使得总经营性应计平均增长率为-7.8%。

表6-23　　新准则下2007—2019年全行业[①]RNOA及各经营性应计变量描述性统计

变量	标准差	均值	中位数	25%分位数	75%分位数
$RNOA_{t+1}$	0.253	0.078	0.022	0.064	0.122
$RNOA_t$	0.237	0.088	0.025	0.069	0.128
$TOAC_t$	0.219	-0.078	-0.176	-0.063	0.031
$LOAC_t$	0.183	0.246	0.109	0.211	0.346
$COAC_t$	0.345	-0.324	-0.513	-0.283	-0.094

注：表中所有变量均用当期平均净经营资产进行标准化。

① 本书“全行业”指我国A股市场除金融行业外的其他所有行业。

表6-24　新准则下2007—2019年全行业RNOA及各经营性应计变量的相关系数矩阵

	$RNOA_{t+1}$	$RNOA_t$	$TOAC_t$	$LOAC_t$	$COAC_t$
$RNOA_{t+1}$		0.551 (0.000)	0.049 (0.000)	−0.086 (0.000)	0.076 (0.000)
$RNOA_t$	0.609 (0.000)		0.0939 (0.000)	−0.116 (0.000)	0.121 (0.000)
$TOAC_t$	0.068 (0.000)	0.077 (0.000)		−0.473 (0.000)	0.884 (0.000)
$LOAC_t$	−0.056 (0.000)	−0.852 (0.000)	−0.594 (0.000)		−0.830 (0.000)
$COAC_t$	0.075 (0.000)	0.0954 (0.000)	0.8839 (0.000)	−0.884 (0.000)	

注：对角线上方为Pearson相关系数，下方为Spearman相关系数，括号中为P值。

由表6-24可知，短期经营性应计$COAC_t$与下期净经营资产收益率$RNOA_{t+1}$的相关系数显著为0.075，说明新准则下样本期间短期经营性应计对下期净经营资产收益率的贡献为正，与旧准则下的数据结果相反。

6.9.2　市场层次数据再检验

1）经营性应计对下期盈余的增量效应再检验

由表6-25可知，在控制本期净经营资产收益率后，新准则下样本期间本期短期经营性应计仍然对下期净经营资产收益率有显著的正向增量效应。

由表6-26可知，控制本期净经营资产收益率后，新准则下数据期间本期短期经营性应计和长期经营性应计对下期净经营资产收益率分别有显著的负向增量效应。由表6-27可知，β_2与β_3显著不同，说明短期经营性应计和长期经营性应计对下期净经营资产收益率分别有负向贡献。

表6-25　　新准则下2007—2019年控制本期RNOA后，短期经营性应计对下期RNOA的回归检验结果

$RNOA_{t+1}=\beta_0+\beta_1 RNOA_t+\beta_2 COAC_t+e_{t+1}$				
	Coefficient	Std.Error	t-Statistic	Prob.
β_0	0.033698	0.002396	14.06399	0.0000
β_1	0.512533	0.006879	74.51088	0.0000
β_2	0.006294	0.004619	3.627200	0.0173
R-squared	0.230885	Mean dependent var		0.074975
Adjusted R-squared	0.230803	S.D.dependent var		0.261303
S.E.of regression	0.229173	Akaike info criterion		−0.108522
Sum squared resid	994.3645	Schwarz criterion		−0.107279
Log likelihood	1 030.490	Hannan-Quinn criter.		−0.108115
F-statistic	2 841.797	Durbin-Watson stat		2.118324
Prob.（F-statistic）	0.000000			

表6-26　　新准则下2007—2019年控制本期RNOA后，长期和短期经营性应计对下期RNOA回归检验结果

$RNOA_{t+1}=\beta_0+\beta_1 RNOA_t+\beta_2 COAC_t+\beta_3 LOAC_t+u_{t+1}$				
	Coefficient	Std.Error	t-Statistic	Prob.
β_0	0.038437	0.002917	13.17804	0.0000
β_1	0.511633	0.006885	74.31562	0.0000
β_2	−0.012759	0.008129	−4.569660	0.0116
β_3	−0.044481	0.015618	−2.848140	0.0044
R-squared	0.231214	Mean dependent var		0.074975
Adjusted R-squared	0.231092	S.D.dependent var		0.261303
S.E.of regression	0.229130	Akaike info criterion		−0.108845
Sum squared resid	993.9386	Schwarz criterion		−0.107187
Log likelihood	1 034.546	Hannan-Quinn criter.		−0.108301
F-statistic	1 897.947	Durbin-Watson stat		2.117597
Prob.（F-statistic）	0.000000			

表6-27　　新准则下2007—2019年$\beta_2=\beta_3$的Wald检验

Test Statistic	Value	Df	Probability
F-statistic	2 334.738	（1，18932）	0.0000
Chi-square	2 334.738	1	0.0000
Null Hypothesis Summary:			
Normalized Restriction （= 0）		Value	Std.Err.
$\beta_2-\beta_3$		0.524392	0.010853

由表6-28可知，控制本期净经营资产收益率后，新准则下的样本期间本期长期经营性应计对下期净经营资产收益率有显著的负向增量效应。

表6-28　　新准则下2007—2019年控制本期RNOA后，长期经营性应计对下期RNOA的回归检验结果

	Coefficient	Std.Error	t-Statistic	Prob.
β_0	0.037734	0.002882	13.09171	0.0000
β_1	0.511217	0.006880	74.30736	0.0000
β_3	-0.024306	0.008872	-2.739560	0.0062
R-squared	0.231114	Mean dependent var		0.074975
Adjusted R-squared	0.231033	S.D.dependent var		0.261303
S.E.of regression	0.229139	Akaike info criterion		-0.108821
Sum squared resid	994.0679	Schwarz criterion		-0.107577
Log likelihood	1 033.314	Hannan-Quinn criter.		-0.108413
F-statistic	2 845.468	Durbin-Watson stat		2.117015
Prob.（F-statistic）	0.000000			

2）Mishkin再检验

由表6-29可知，新准则下的样本期间短期经营性应计的估计系数β_2^*的绝对值显著大于预测系数β_2，说明我国A股市场投资者对短期经营性应计定价不理性。

表6-29　新准则下2007—2019年短期经营性应计对下期RNOA效应的Mishkin检验

$RNOA_{t+1} = \beta_0 + \beta_1 RNOA_t + \beta_2 COAC_t + e_{t+1}$

$BHAR_{t+1} = \alpha + \theta(RNOA_{t+1} - \beta_0 - \beta_1^* RNOA_t - \beta_2^* COAC_t) + \varepsilon_{t+1}$

面板A

	估计值	渐进标准误
β_1	0.512	0.000
β_1^*	0.110	0.031
β_2	0.006	0.025
β_2^*	-5.181	0.000

面板B

	似然率统计量	边际显著性水平
$RNOA_t$: $\beta_1 = \beta_1^*$	31.691	0.000
$COAC_t$: $\beta_2 = \beta_2^*$	207.12	0.000
$\beta_1 = \beta_1^*$ and $\beta_2 = \beta_2^*$	207.23	0.001

由表6-30可知，新准则下的样本期间短期经营性应计的估计系数β_3^*显著大于预测系数β_3，说明我国A股市场投资者对长期经营性应计定价不理性。这与旧准则下的数据存在差别。

表6-30　新准则下2007—2019年市场层次的长期和短期经营性应计对下期RNOA效应的Mishkin检验

$RNOA_{t+1} = \beta_0 + \beta_1 RNOA_t + \beta_2 COAC_t + \beta_3 LOAC_t + e_{t+1}$

$BHAR_{t+1} = \alpha + \theta(RNOA_{t+1} - \beta_0 - \beta_1^* RNOA_t - \beta_2^* COAC_t - \beta_3^* LOAC_t) + \varepsilon_{t+1}$

面板A

	估计值	渐进标准误
β_1	0.511	0.000
β_1^*	0.221	0.000
β_2	-0.012	0.034
β_2^*	-2.617	0.281
β_3	-0.044	0.000
β_3^*	6.776	0.000

续表

面板B		
	似然率统计量	边际显著性水平
$RNOA_t$：$\beta_1=\beta_1^*$	16.48	0.000
$COAC_t$：$\beta_2=\beta_2^*$	164.0	0.000
$LOAC_t$：$\beta_3=\beta_3^*$	176.9	0.000
$\beta_1=\beta_1^*$ and $\beta_2=\beta_2^*$ and $RNOA_t$：$\beta_3=\beta_3^*$	192.5	0.000

3）短期经营性应计套利再检验

由图6-6可知，新准则下2007—2019年全样本市场层次各短期经营性应计等级组超额收益率随应计升高未呈现单调变化趋势。

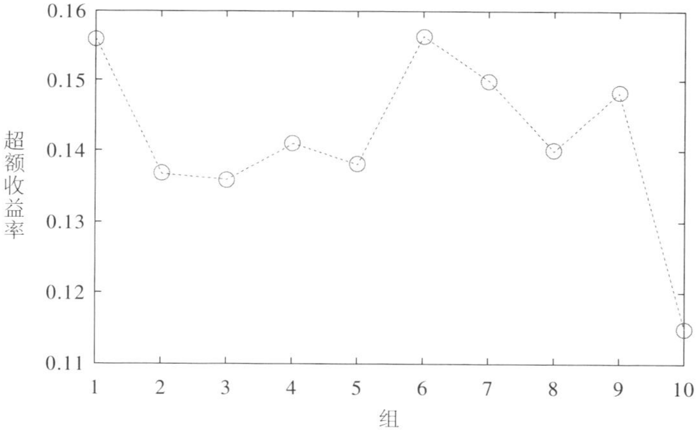

图6-6　新准则下2007—2019年市场层次各短期经营性应计等级组超额收益率变化趋势图

由图6-7可知，新准则下2010—2013年全样本市场层次的短期经营性应计策略套利收益率为负，其他年份市场层次的短期经营性应计策略套利收益率为正，2019年的超额收益率最高。

6.9.3　稳健性检验

由表6-31可知，新准则下2007—2019年盈利样本市场层次短期经营性应计策略套利为3.9%（t=25.69）。

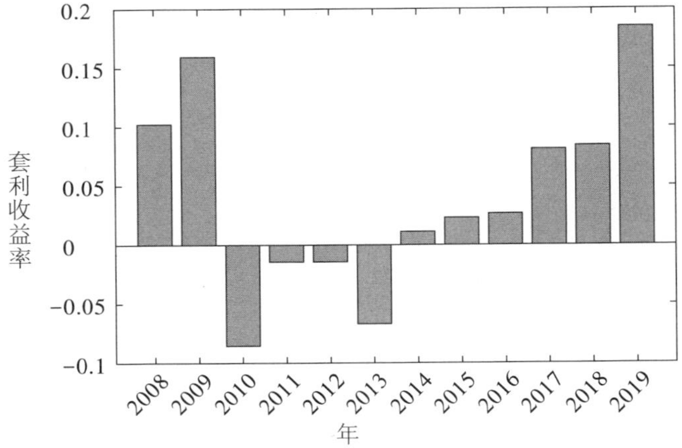

图6-7 新准则下2007—2019年市场层次各年短期经营性应计策略套利结果柱状图

表6-31 新准则下2007—2019年市场层次各短期经营性应计等级组超额收益率（盈利样本）

应计等级组	最低	2	3	4	5	6	7	8	9	最高	套利
BHAR	0.146	0.126	0.137	0.138	0.141	0.154	0.149	0.144	0.153	0.107	0.039
t检验	24.80**	23.71**	24.54**	25.00**	24.66**	23.50**	24.7**	22.44**	23.2**	15.79**	25.69**

注：*和**分别表示显著性水平为5%、1%。

由图6-8可知，新准则下2007—2019年盈利样本市场层次各短期经营性应计组超额收益率未呈现单调变化趋势。

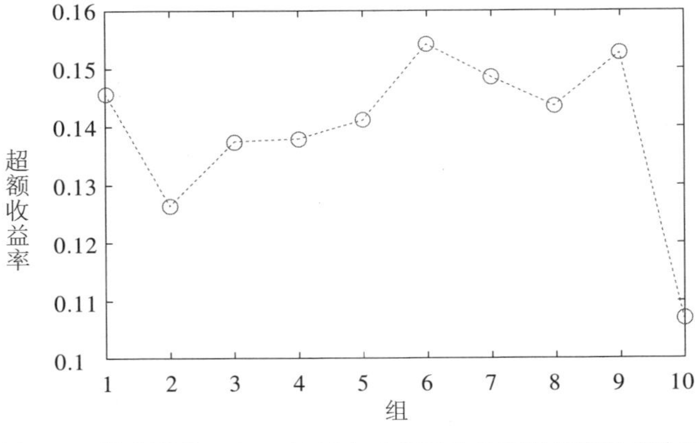

图6-8 新准则下2007—2019年市场层次各短期经营性应计组超额收益率变化趋势（盈利样本）

由图6-9可知，新准则下2007—2019年盈利样本市场层次各年短期经营性应计策略套利分布与全样本分布类似。

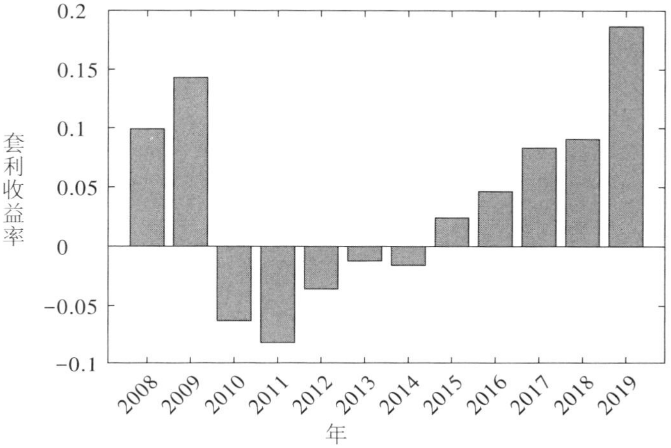

图6-9　新准则下2007—2019年市场层次各年短期经营性应计策略套利结果柱状图

6.10　本章小结

在第4章验证我国存在应计错误定价研究的基础上，本章基于应计项目的另一属性——经济学属性，提出了我国应计错误定价的投资增长解释。研究思路来自Fairfield、Whisenant和Yohn（2003a）。但是，研究样本期间，作为新兴资本市场、最大的发展中国家，中国国情不同于资本市场发达的美国。与美国发展成熟的经济状况相比，研究样本期间，中国的各行各业正由收缩期转向复苏期，经济由相对低的水平向上迅速发展，在此经济形势下，笔者认为Fairfield、Whisenant和Yohn（2003a）提出的用边际报酬递减解释全行业样本的应计错误定价现象在中国并不适用。然而，作为历史悠久的文明古国，一些传统行业在我国早已生根发芽，经历了行业自身的初始、发展、成熟甚至衰退期。对处于成熟或衰退期的这些行业来说，边际报酬递减规律更能诠释其行业现状，符合实际情况。从应计项目投资增长的经济学属性看，边际报酬递减规律恰好解释了应计项目（投入资本）与下期盈利能力（产出）的负向关系，从这种角度看，边际报酬递减规律可以解释应计错误定价现象。由此，本书认为，投资增长观能够解释我国边际报酬递减的传统行业样本的应计错误定价现象，但难以解释我国的全行业样本。

为检验上述设想，本书分市场和行业两个层次，对全行业样本和分行业样本进行多元横截面回归检验、Mishkin检验和套利检验，结果发现：

1）市场层次

投资增长观未能解释我国市场层次的总应计错误定价，但是，在控制了本期盈利能力后，短期经营性应计对下期盈利能力有显著的负向贡献作用，并且市场对短期经营性应计对下期盈利能力负向增量效应显著错误估计，导致市场层次短期经营性应计的错误定价。样本期间，市场层次短期经营性应计套利平均超额回报显著为7.7%。

2）行业层次

投资增长观能够解释纺织、服装、皮毛业，金属、非金属业，机械、设备、仪表业，电力、煤气及水的生产和供应业四类行业样本的应计错误定价。在控制了本期盈利能力后，长、短期经营性应计均对下期盈利能力有显著的负向的贡献作用。与Fairfield、Whisenant和Yohn（2003a）的发现有所不同的是，“四行业”中样本量最大的机械、设备、仪表业长期经营性应计与短期经营性应计对下期盈利能力的负向增量效应显著不同。此外，市场对长、短期经营性应计对下期盈利能力的负向贡献错误理解，导致了两类应计的错误定价，且套利结果分别显著为7.65%和4.83%。

为验证上述结论的稳健性，本书采用Kraft、Leone和Wasley（2007）提出的Mishkin检验替代方法，通过OLS的混合样本回归模型对全行业样本和“四行业”样本进行检验，与前述结论一致，并进行了全行业盈利样本的套利检验，所获平均超额回报显著为10.2%，验证了前述假设，并说明了短期经营性应计错误定价受到了盈余管理因素的影响。

基于第4章、第5章和本章前半部分的结论，笔者认为持续观与投资增长观共同解释了应计错误定价。为此，本章借鉴Warfield、Wild和Wild（1995）的建模思路，建立了解释持续观与投资增长观共同作用的带有交互项的混合样本横截面回归模型。结果发现："四行业"样本和其他行业样本中，持续观和投资增长观显著共同作用于应计错误定价；而且，不考虑长期经营性应计的负向贡献时，盈余管理对应计错误定价的解释程度显著高于增长。

新准则下2007—2019年市场层次盈利样本短期经营性应计策略套利所获超额收益率为3.9%（t=25.69）。

7 应计错误定价与股价同步性——稳健性检验

相对于成熟的资本市场，新兴资本市场的商品价格往往含有“噪声”，不能充分反映上市公司的基本信息，很难在资源配置中发挥主导作用。股票价格波动的同步性是体现资本市场运行效率的一个重要方面。股票价格在成熟的资本市场中能够更加充分地反映公司的基本面信息，具有较低的波动同步性。在新兴的资本市场中，个股股价更容易受市场层面因素的影响，往往表现出“同涨同跌”的现象，即具有较高的波动同步性。

经过三十几年的快速发展，我国证券市场已经日趋成熟，但是总体运行效率与西方发达国家十分成熟的市场相比还有很大的差距。存在较为显著的“同涨同跌”和“板块联动”等现象。Morck、Yeung和Yu（2000）利用1995年的数据，对不同国家和地区的股价波动同步性现象进行研究，发现这些国家和地区的股价波动同步性存在很大的差异，其中发达国家或地区的资本市场往往具有较低的R^2（如图7-1所示），这表明资本市场越成熟或法律、政治等制度越完善的国家或地区，股价中包含越多的上市公司的特质部分。他们进一步认为R^2越低的公司，股价对于公司层面信息的反应也就越有效，而R^2可以作为一个股价是否在信息层面有效的衡量标准。

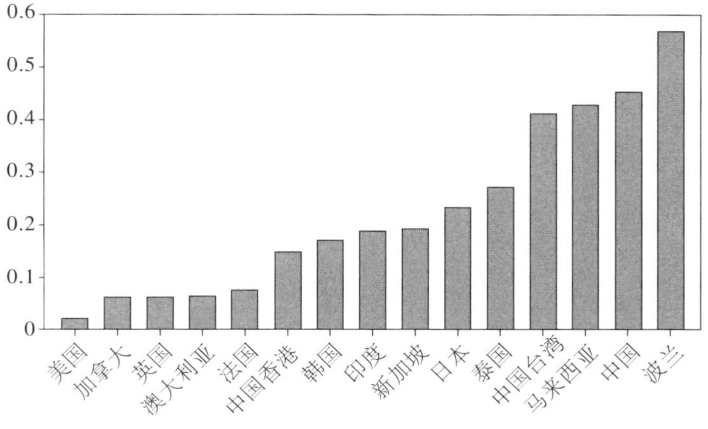

图7-1　不同国家和地区的股价波动同步性柱状图①

Durnev、Morck和Yeung等（2003）发现，R^2较低的公司，公司未来盈余的变化与当前收益更相关；Durnev、Morck和Yeung（2004）发现，R^2越低的行业，投资越有效。这些证据都直接或间接地支持了R^2越低的公司的股价更有效地反映了公司特质信息的观点。

本章通过研究我国A股市场的股价波动同步性和股价信息含量的关系，进而从个股收益中剥离市场信息对其的影响，让收益真正反映公司的特质信息，进而再次检验第4章、第5章和第6章结论的稳健性。

7.1　研究设计

7.1.1　模型选用

方法沿用Roll（1988）的研究思路，并由Morck、Yeung和Yu（2000）正式提出。其模型的设计思想为：将个股收益分解为来自市场

① 根据Morck、Yeung和Yu（2000）的表整理。数据来源为DataStream，以1995年为标准，平均R^2的计算根据CAPM模型对全部上市公司半月度的数据回归R^2的平均值。

层面的市场收益率R_{mt}和来自公司层面的个股收益率R_{it}，并以此分别作为市场层面信息和公司层面信息的代理指标，进而通过下列模型提取个股股价波动的信息含量：

$$R_{it} = \alpha + \beta R_{mt} + \varepsilon_{it} \tag{7.1}$$

其中：R_{it}表示i股在t时期的日（周或者月）收益率；R_{mt}表示同时期市场的收益率；ε_{it}表示回归残差，它表示市场信息无法解释的部分，也就是个股的特质信息对市场收益率的冲击。

根据统计学原理，个股收益率对股票收益率冲击越大，个股收益率的离中趋势就越明显，残差也就越大，市场收益率对个股收益率的解释力度越小，也就是回归方程的样本决定系数R^2越小。R^2的经济学含义是个别公司的股票价格的变动能够被市场波动解释的部分。可以较好地度量第i只股票价格波动所反映出的市场信息含量的比例，并可以此作为表征其股价波动同步性高低的指标。R^2越小，说明个股收益率受市场的影响越小，个股价格中包含了较多的公司层面的信息，其同步性较小，反之亦然。

7.1.2 回归结果与分析

本章中的收益率采用月收益率，个股收益率和市场收益率采用考虑现金红利再投资的月市场回报率（等权平均法）。利用方程（7.1）对1998—2008年的股价波动同步性情况进行研究，结果如表7-1和图7-2所示。

表7-1 1998—2008年股价波动同步性回归结果统计表（月数据）

年份		1998	1999	2000	2001	2002	2003	2004	2005	2006	2007	2008
α	系数	0.000	0.000	0.000	0.000	0.000	0.000	0.000	0.000	0.000	0.000	0.000
	t值	0.056	0.070	0.093	0.079	-0.019	-0.005	-0.266	-0.021	0.097	0.114	-0.109
β	系数	1.012	1.015	1.006	1.005	1.005	1.004	1.007	1.001	1.000	1.007	1.003
	t值	68.89***	100.8***	47.21***	101.0***	130.4***	76.98***	112.4***	109.2***	69.69***	82.70***	130.0***
R^2		0.340	0.494	0.161	0.436	0.552	0.289	0.448	0.425	0.236	0.292	0.484

注：***表示显著性水平为0.1%。

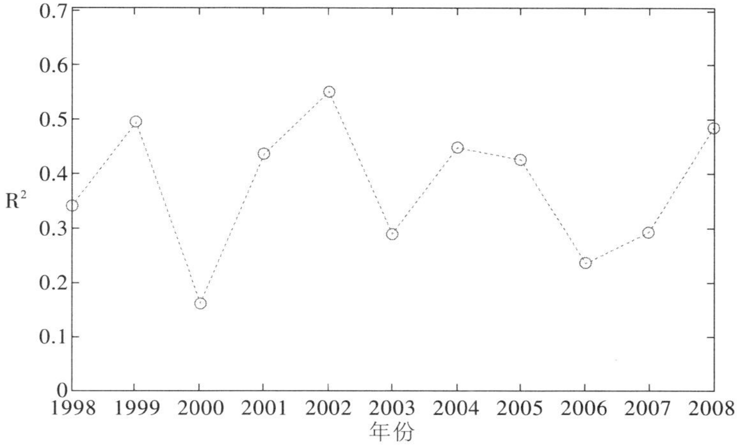

图7-2 1998—2008年股价波动同步性的变化趋势图（月数据）

2006—2008年我国会计信息披露程度维持在稳定状态，但股价波动同步性在这三年内稳步攀升（如图7-2所示）。这真实地反映了牛市不同阶段投资者行为对股价波动同步性的影响：从熊市末期到牛市早期，经验丰富的投资者通过对各类指标、国家政策和经济形势的分析，预计市场即将反转，开始逐步持仓绩优潜力股，个股走势出现分化；到牛市中后期，市场投机气氛浓郁，股民情绪高涨，即使出现利空消息也会被当作投机点炒作，变为利好消息，股票出现普涨现象。

由表7-1可知，2006、2007年的股价同步性指标R^2分别为0.236和0.292，与Morck、Yeung和Yu（2000）得到的1995年我国股市股价同步性指标为0.453相比大幅降低。但是与其他国家或地区相比，如美国资本市场的$R^2=0.17$（Qi、Chen，2005），我国的股价同步性仍处于较高的水平。这就使得我们有必要寻找能够降低股价波动同步性、提高市场运行效率的途径。

7.2 剔除股价同步性后的应计错误定价检验

方程（7.1）中，回归残差ε_{it}表示市场信息无法解释的收益率部分，这部分收益率已经不再受市场的影响。所以我们将回归残差ε_{it}定义为$\bar{R}_{it}$，表示个股剔除股价同步性后的收益率部分，即

$$\bar{R}_{it} = R_{it} - \bar{\alpha} + \bar{\beta} R_{mt} \tag{7.2}$$

其中：$\bar{\alpha}$和$\bar{\beta}$表示方程（7.1）中α和β的估计值。将$\bar{R}_{it}$带入方程（4.8），重新计算买入并持有收益率BHAR，并且进行应计错误定价套利检验。

7.2.1 每年各总应计等级组超额收益率

为检验在剔除股价波动同步性之后，应计项目的高估是否具有经济上的显著性，将所有样本按应计项目的大小分为10组，表7-2给出了1998—2006年各组的超额收益率以及t值。

表7-2 1998—2006年各总应计等级组的超额收益率及t值（剔除股价同步性后）

		最低	2	3	4	5	6	7	8	9	最高
1998	系数	0.044	−0.022	−0.046	0.012	−0.042	−0.097	0.143	0.013	0.002	0.081
	t值	2.466	−1.440	−3.119	0.693	−3.042	−8.314	5.449	0.675	0.091	4.989
1999	系数	0.065	0.024	0.019	0.034	0.033	−0.013	−0.001	−0.035	−0.071	−0.078
	t值	5.760	2.361	2.054	3.109	3.424	−1.166	−0.045	−3.414	−7.652	−7.635
2000	系数	−0.004	0.037	0.020	0.004	0.009	0.007	0.006	−0.003	−0.027	−0.057
	t值	−0.730	7.069	2.907	0.638	1.596	1.272	0.780	−0.363	−3.757	−7.895
2001	系数	0.065	0.006	0.021	0.015	−0.020	0.030	−0.023	−0.024	−0.010	−0.002
	t值	5.578	0.779	3.069	1.843	−2.712	3.748	−2.594	−3.389	−1.443	−0.270
2002	系数	0.074	0.058	0.032	0.035	−0.058	−0.025	−0.023	0.000	−0.006	−0.027
	t值	7.136	7.528	4.460	3.678	−6.650	−3.149	−2.918	0.010	−0.661	−3.335
2003	系数	0.089	0.050	0.064	0.019	0.021	−0.031	−0.026	−0.078	0.013	0.017
	t值	5.718	3.968	4.638	1.833	2.041	−2.661	−2.360	−9.216	1.151	1.570
2004	系数	−0.005	−0.022	−0.035	0.046	0.010	0.106	0.031	0.021	0.030	0.006
	t值	−0.388	−1.902	−2.765	3.918	0.809	5.146	2.246	1.432	1.927	0.457
2005	系数	−0.004	−0.045	−0.077	0.061	−0.025	−0.046	0.023	−0.026	−0.062	−0.141
	t值	−0.340	−3.518	−6.422	3.820	−1.879	−2.926	1.401	−1.346	−4.601	−6.026
2006	系数	0.085	0.059	−0.051	0.027	−0.010	0.049	0.002	−0.050	−0.031	−0.013
	t值	6.602	4.335	−5.654	1.900	−0.849	2.748	0.151	−4.271	−2.358	−0.985

7.2.2 套利结果

采用买入最低应计公司投资组合、卖出最高应计公司投资组合策略进行套利，并检验各应计等级组买入后持有一年的超额收益率。各总应计等级组超额收益率和套利结果见表7-3，其变化趋势如图7-3所示。

表7-3　各总应计等级组的超额收益率和套利结果（剔除股价同步性后）

各等级组	最低	2	3	4	5	6	7	8	9	最高	套利
BHAR	0.045	0.016	−0.006	0.028	−0.009	−0.002	0.015	−0.020	−0.018	−0.024	0.069
t检验	3.09**	3.79**	−1.07	4.30**	−1.91**	0.29	1.68*	−4.20**	−2.50**	−4.44**	5.33**

注：*和**分别表示通过显著性水平为5%和1%的双尾t检验。

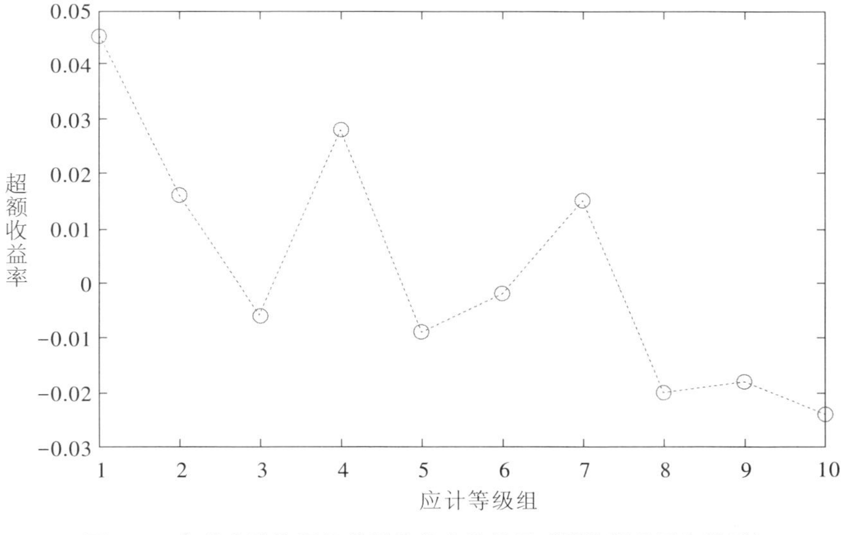

图7-3　各总应计等级组超额收益率趋势图（剔除股价同步性后）

由表7-3和图7-3可知，各总应计等级组未与买入并持有超额回报率呈单调变化，但极端组的应计错误估计现象显著（均可通过置信度为0.01的双尾t检验）。样本期间应计策略套利的平均规模调整超额收益率为6.90%（t=5.33）。略低于4.8.2平均规模调整超额收益率

7.80%（t=4.46），但是仍然远高于刘云中（2003）、李远鹏和牛建军（2007）的3.2%左右的规模调整超额收益率，证明了第4章结果的稳健性。

7.2.3 各年套利结果分析

图7-4与图4-8相比各年套利相对比较均衡。其中2005年的超额收益率不再显著高于其他年份，也就是说，在剔除了股价同步性的影响以后，采用“买入最低应计公司投资组合、卖出最高应计公司投资组合”套利策略，依然可以获得稳定的套利结果。

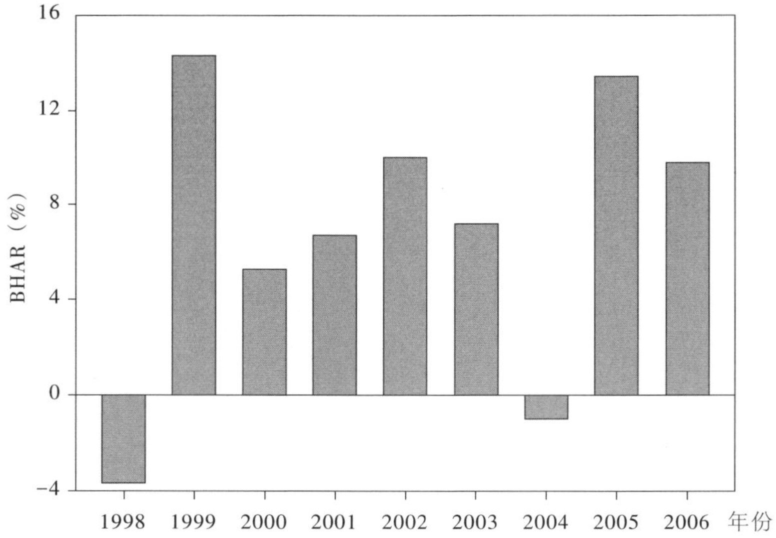

图7-4 中国A股市场各年总应计策略套利结果（剔除股价同步性后）

7.3 剔除股价同步性后的非正常应计错误定价检验

7.3.1 每年各非正常应计等级组超额收益率

为了检验在剔除股价波动同步性以后，非正常应计错误定价的经济显著性，将所有样本按非正常应计项目大小分为10组，表7-4给出了1998—2006年各组的超额收益率以及t值。

表7-4　　每年各非正常应计等级组超额收益率及t值

（剔除股价同步性后）

		最低	2	3	4	5	6	7	8	9	最高
1998	系数	0.088	0.033	0.013	0.011	-0.092	0.097	-0.015	-0.072	0.077	-0.012
	t值	2.820	1.177	0.432	0.502	-6.088	2.641	-0.661	-3.651	2.239	-0.510
1999	系数	0.031	0.059	-0.039	0.035	0.053	0.012	-0.010	-0.021	-0.055	-0.078
	t值	2.246	3.988	-3.165	2.102	2.980	0.675	-0.571	-1.759	-3.130	-5.203
2000	系数	-0.001	0.019	0.032	0.000	-0.001	0.057	0.007	-0.023	-0.022	-0.074
	t值	-2.143	2.363	3.564	0.027	-0.097	4.859	0.738	-2.209	-1.980	-7.189
2001	系数	0.005	0.067	0.006	0.007	0.028	0.012	-0.003	-0.007	-0.028	-0.018
	t值	1.534	3.727	0.488	0.597	2.256	1.019	-0.221	-0.591	-3.208	-1.317
2002	系数	0.016	0.046	0.026	0.050	-0.021	-0.038	0.002	-0.013	-0.003	-0.003
	t值	1.757	3.457	2.072	3.383	-1.818	-3.587	0.185	-0.940	-0.177	-0.275
2003	系数	0.013	0.045	0.063	0.005	-0.014	-0.003	-0.049	-0.058	-0.019	-0.024
	t值	1.781	2.285	3.096	0.259	-0.790	-0.136	-3.247	-3.469	-1.074	-1.397
2004	系数	-0.001	-0.040	0.025	-0.019	0.087	0.095	-0.023	-0.038	-0.022	-0.033
	t值	-0.037	-2.366	1.005	-0.886	3.985	3.433	-0.848	-1.519	-0.916	-1.516
2005	系数	0.128	-0.027	0.070	0.073	0.073	0.095	0.097	-0.040	0.057	-0.094
	t值	2.903	-0.952	2.679	2.809	2.012	2.357	3.524	-1.729	1.739	-3.787
2006	系数	-0.004	-0.062	-0.040	0.003	-0.090	-0.091	0.004	-0.070	-0.002	0.012
	t值	-2.149	-2.827	-1.751	0.122	-4.732	-4.386	0.103	-3.387	-0.075	0.356

7.3.2　套利结果

仿照总应计套利策略，采用“买入最低非正常应计等级组、卖出最高非正常应计等级组”的策略套利，各年的套利结果见表7-5。

表7-5　　各非正常应计等级组超额收益率和套利结果

（剔除股价同步性后Jones模型全样本）

各等级组	最低	2	3	4	5	6	7	8	9	最高	套利
BHAR	0.041	0.016	0.017	0.018	0.003	0.026	0.001	−0.008	−0.002	−0.036	0.077
t检验	4.05**	3.83**	3.07**	2.97**	0.64	3.33**	−0.48	−6.33**	−0.96	−5.90**	4.26**

注：*和**分别表示通过显著性水平为5%和1%的双尾t检验。

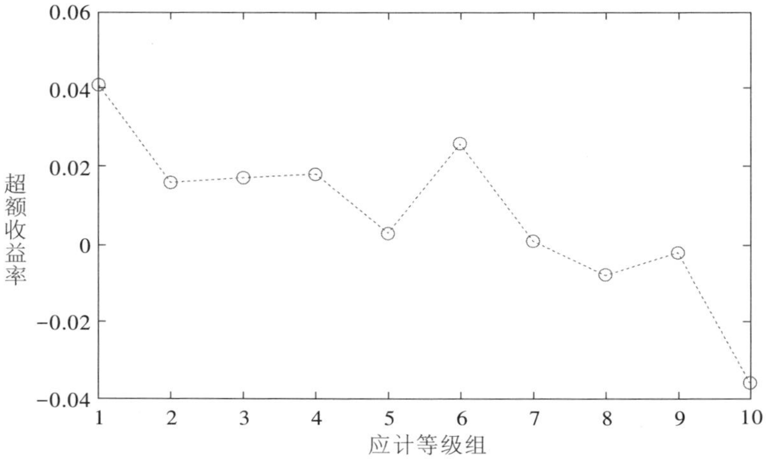

图7-5　各非正常应计等级组超额收益率变化趋势图

（剔除股价同步性后Jones模型全样本）

如表7-5和图7-5所示，非正常应计等级组未与超常回报呈单调变化，但极端组的应计错误估计现象显著（均可通过置信度为0.01的双尾t检验）。样本期间应计策略套利的平均规模调整超额收益率为7.7%（t=4.26）。略低于5.7.2平均规模调整超额收益率8.1%（t=5.16）。说明剔除了股票同步性以后，使用本书套利策略得到的结果并未受到影响，证明了第5章结果的稳健性。

7.3.3　各年套利结果分析

图7-6列示了全样本与盈利样本在剔除了股价同步性影响以后的各年非正常应计策略套利超额回报。与图5-10相比，在剔除了股价同步性影响以后，各年的套利收益分布相对比较均匀，波动性大为降低。

由表7-5和表7-3可知，非正常应计策略的各等级组超额收益率比全样本总应计等级组的波动性小。由图7-6结果可知，盈利样本非正常应计策略套利的超额回报比全样本非正常应计策略套利更稳定。结果与表5-12和图5-10相类似。

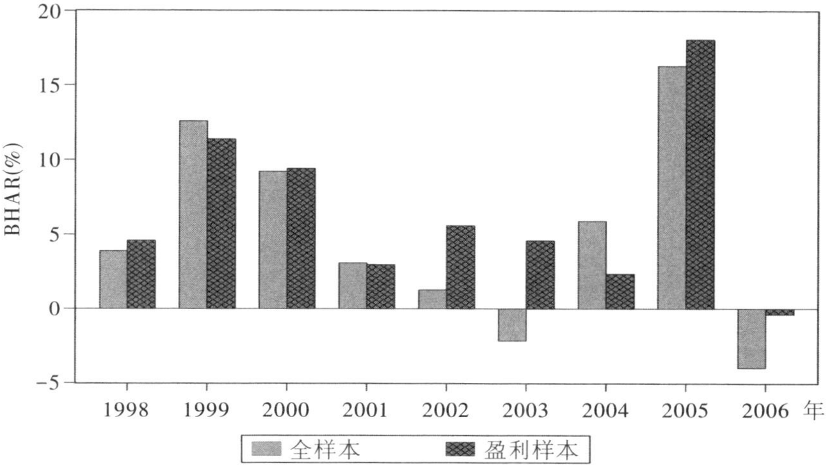

图7-6　各年非正常应计策略套利结果比较（剔除股价同步性后）

7.4　剔除股价同步性后的经营性应计项目错误定价检验

由表7-6可知，剔除股价同步性后，“四行业”长、短期经营性应计策略套利结果均值为12.1%。由图7-7可知，C1“纺织、服装、皮毛”、C6“金属、非金属”和D“电力、煤气及水的生产和供应”的超额收益率基本一致，均高于10%。C7“机械、设备、仪表”的超额收益率明显高于前三类行业将近16%。与剔除股价同步性以前的情况相比（见表6-16和图6-3），四类行业的套利更加平稳，平均套利水平大体持平，说明长、短期经营性应计策略套利受到股价波动同步性的影响较小。

表7-6　“四行业”长、短期经营性应计策略套利结果合计（剔除股价同步性后）

行业代码	C1	C6	C7	D	均值
BHAR	0.107	0.112	0.153	0.113	0.121

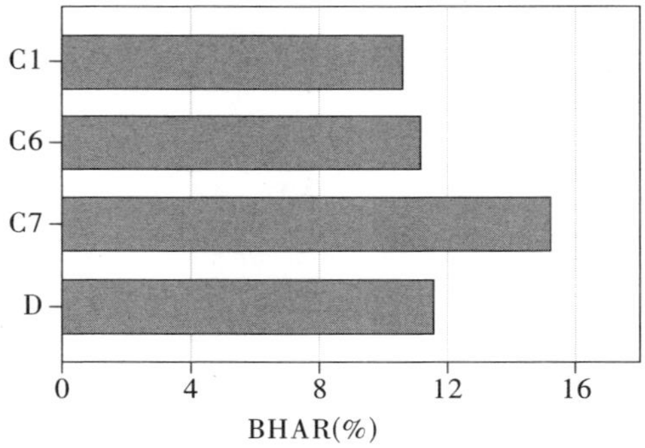

图7-7 "四行业"长、短期经营性应计策略套利结果合计柱状图（剔除股价同步性）

7.5 本章稳健性检验

7.5.1 样本选取与度量

稳健性检验的收益率采用周收益率，个股收益率和市场收益率采用考虑现金红利再投资的周市场回报率（等权平均法）。

7.5.2 回归结果与分析

表7-7 1998—2008年股价波动同步性回归结果统计表（周数据）

年份		1998	1999	2000	2001	2002	2003	2004	2005	2006	2007	2008
α	系数	-0.001	0.000	0.000	0.000	0.000	0.000	0.000	0.000	-0.001	0.000	0.000
	t值	-1.281	1.050	-0.156	-1.008	-0.572	0.840	-0.813	-0.986	-1.569	-0.050	-0.951
β	系数	0.976	1.008	0.994	0.987	0.998	0.994	1.021	1.024	0.995	1.025	1.018
	t值	69.44***	89.83***	86.62***	113.6***	152.9***	100.5***	114.7***	111.2***	94.61***	75.58***	175.9***
R^2		0.272	0.336	0.293	0.398	0.546	0.340	0.392	0.375	0.311	0.206	0.575

注：***表示显著性水平为0.1%。

图7-8与图7-2相比各年股价波动的同步性大体趋势没有变化，使用周数据参与计算的图7-8曲线变化更为平滑，更符合经济学中股价波动同步性渐变的含义。从表7-1和表7-7中R^2的结果可以看出，2006—2007年的股价同步波动性相对于其他年份并不高。

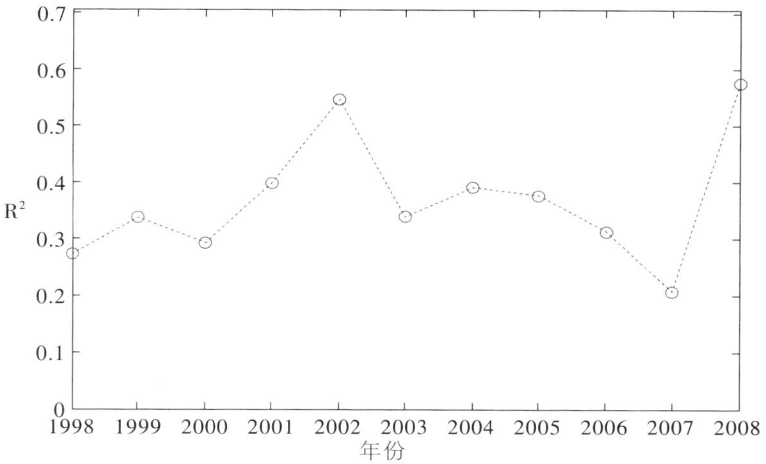

图7-8　各年股价波动同步性的变化趋势图（周数据）

7.6 新准则剔除股价同步性后的应计错误定价再检验

7.6.1 2007—2019年中国A股市场股价同步性检验

表7-8　新准则2007—2019年各年股价波动同步性回归结果统计表（月数据）

年份		2007	2008	2009	2010	2011	2012	2013	2014	2015	2016	2017	2018	2019
α	系数	0.292	0.000	0.000	0.000	0.000	0.000	0.000	0.000	0.000	0.000	0.000	0.000	0.000
	t值	0.114	-0.109	0.05	0.40	-1.37	-0.01	1.74	7.70	1.82	0.28	-0.38	-0.65	-0.24
β	系数	1.007	1.003	0.996	0.986	0.975	0.979	0.972	0.794	0.986	0.996	0.990	0.985	0.992
	t值	82.70***	130.0***	56.21***	87.09***	91.37***	96.83***	83.80***	48.06***	95.11***	124.0***	59.40***	84.24***	128.4***
R^2		0.292	0.484	0.144	0.269	0.268	0.277	0.220	0.086	0.268	0.365	0.106	0.180	0.324

注：***表示显著性水平为0.1%。

由表7-1与表7-8对比可知，与1998—2008年相比，2007—2019年我国A股市场的股价同步性有所下降。由图7-2与图7-9对比可知，两个样本期间我国A股市场的股价波动率相类似。

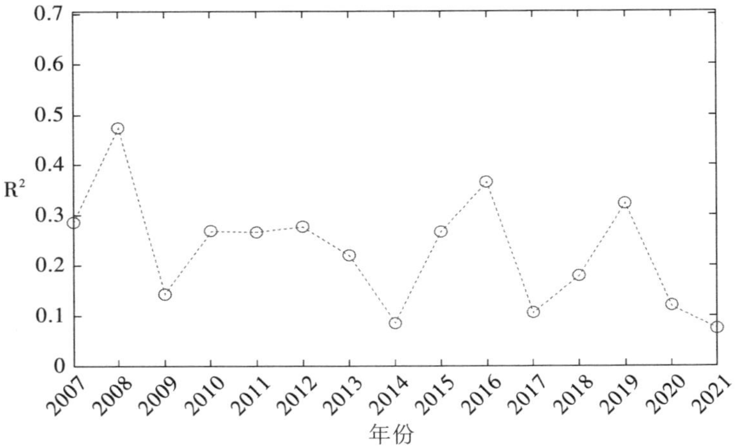

图7-9　新准则2007—2021年各年股价波动同步性的变化趋势图（月数据）

7.6.2　剔除股价同步性后的套利再检验

1）总应计套利结果

由表7-9和图7-10可知，剔除股价同步性后新准则下2007—2019年总应计策略套利超额收益率为1.7%（t=11.79），各应计等级组超额收益率随应计项目升高呈现先升后降的趋势。

表7-9　新准则2007—2019年各总应计等级组的超额收益率和套利结果

各等级组	最低	2	3	4	5	6	7	8	9	最高	套利
BHAR	0.025	0.034	0.037	0.042	0.035	0.034	0.027	0.026	0.024	0.006	0.017
t检验	4.23**	5.71**	5.59**	4.05**	6.03**	6.45**	8.07**	7.64**	7.37**	10.17**	11.79**

注：*和**分别表示通过显著性水平为5%和1%的双尾t检验。

2）非正常应计套利结果

由表7-10和图7-11可知，剔除股价同步性后新准则下2007—2019年Jones模型全样本非正常应计策略套利超额收益率为3.9%（t=13.83），各非正常应计等级组超额收益率随应计项目升高呈现先升后降的趋势。

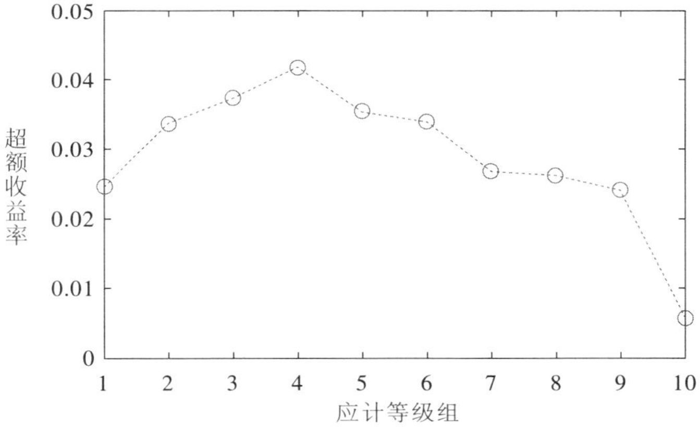

图7-10 新准则2007—2019年各总应计等级组超额收益率趋势图

（剔除股价同步性后）

表7-10 **新准则2007—2019年各非正常应计等级组超额收益率**

（剔除股价同步性后Jones模型全样本）

各等级组	最低	2	3	4	5	6	7	8	9	最高	套利
BHAR	0.071	0.101	0.092	0.098	0.093	0.077	0.073	0.063	0.065	0.032	0.039
t检验	8.25**	9.42**	10.5**	11.1**	13.2**	15.7**	17.9**	21.9**	19.8**	29.22**	13.83**

注：*和**分别表示通过显著性水平为5%和1%的双尾t检验。

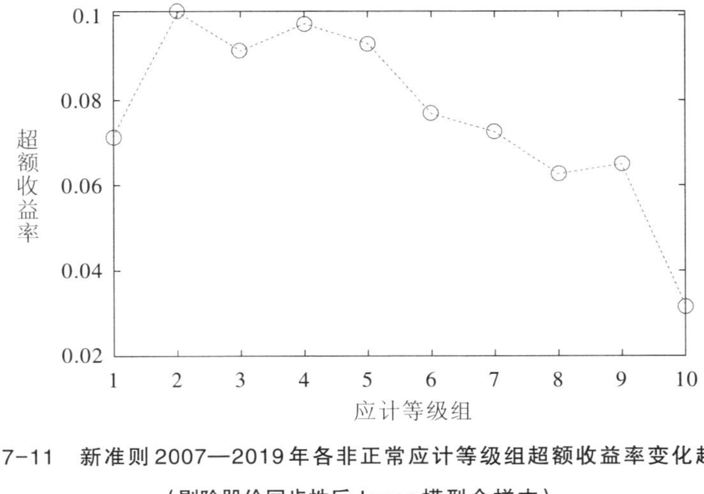

图7-11 新准则2007—2019年各非正常应计等级组超额收益率变化趋势

（剔除股价同步性后Jones模型全样本）

7.7 本章小结

经过多年的发展，我国股票市场虽已经日渐成熟，但是与发达国家成熟的市场相比还有一定的差距，个股往往受市场层面因素的影响，表现出“同涨同跌”“板块效应”等现象，即具有较高的股价同步性。本书研究样本的数据期间为1998—2006年，在研究应计错误定价和非正常应计全样本（盈利样本）错误定价时，2005年的套利回报明显大于其余各年。由于2005的规模调整超额收益率是由2006年5月到2007年4月的股票收益率计算得来，此时恰逢A股市场处于大牛市，由此推测这种2005年套利回报偏高的现象可能与股价波动同步性有关。所以本章使用Roll（1998）提出的有关个股公司层面信息与市场层面信息关系的经典模型（7.1），将个股中有关市场层面的信息加以分离，消除其股价波动同步性，进而重新计算规模调整超额回报率，将其带回第4章、第5章和第6章，再次进行套利检验，得出如下结论：

（1）2006年和2007年的股价同步性指标R^2分别为0.236和0.292，与Morck、Yeung和Yu（2000）得到的1995年我国股市股价同步性指标为0.453相比大幅降低，但是和其他国家或地区相比（Qi、Chen（2005）得到的美国证券市场R^2=0.17），我国的股价同步性仍处于较高的水平。

（2）剔除了股价同步性的影响以后，采用与前文对应章节相同的套利原则，依然可以获得稳定的套利超额收益率（包括全样本和盈利样本），并且2005年的套利结果并不明显高于其他年份，说明消除股价同步性的影响以后，套利策略依然成立，且各年超额回报相对比较均匀，符合稳健投资的策略原则。剔除股价同步性后，2005年套利结果（13.7%）与现实数据估计的结果相近，说明2005年套利结果的可靠性。此外，剔除股价同步性后，其他年份的应计套利结果明显升高，说明股价同步性的经济效果显著，股价同步性间接地降低了市场对会计应计的错误定价，在一定程度上说明股价同步性提高了会计应计的定价效率。

（3）为了验证模型（7.1）对于数据选取密度的稳健性，使用“周数据”对模型重新进行估计，得到与7.1.2基本一致的结果，验证了我国的A股市场股价同步性仍处于较高的水平这一结论。

（4）新准则2007—2019年期间，剔除股价同步性后，总应计策略套利超额收益率为1.7%，Jones模型全样本非正常应计策略套利超额收益率为3.9%。

8 结论与建议

8.1 研究结论

本书以应计错误定价为研究对象，采用Mishkin的广义迭代非线性最小二乘法和应计套利策略，对我国研究样本1998—2006年A股市场非金融企业公司年数据，进行统计显著性和经济显著性的检验。并在显著通过双重检验及一系列的稳健性检验情况下，得出验证应计错误定价相关假设的结论。基于应计项目的会计学属性和反映投资增长的经济学属性，本书认为持续观和投资增长观从两个角度解释了应计错误定价，由此，本书在分别检验了两种观点的基础上，试将两种假说相结合共同解释应计错误定价。由于我国股价同步性较高，加之个别年度套利检验结果高出其他年份甚多，本书进一步检验剔除股价同步性的应计套利策略。经过上述经验检验与分析，本书得出如下结论：

（1）研究样本期间，我国A股市场非金融企业的会计盈余存在持续性，且具有均值反转的特点。现金盈余持续性显著大于应计盈余持续性。应计盈余与现金盈余呈负相关性，与会计盈余近似正相关。当会计盈余随应计盈余增加而增加时，可能意味着企业经营业绩在不久的将来将大幅下滑，从某种程度上讲，应计盈余的持续性反映了会计盈余的质量。经Mishkin检验和套利检验发现，我国存在总应计错误定价，全样本平均套利超额收益率为7.8%，盈利样本平均套利超额收益率为10.5%，且盈利样本总应计错误定价比全样本下更稳定，从某种程度上说明我国亏损公司在亏损当年可能存在“洗大澡”的盈余管理行为，验证了李远鹏和牛建军（2007）的发现。

（2）研究样本期间，我国A股市场非金融企业的正常应计盈余和非正常应计盈余存在持续性，经Wald检验，现金盈余持续性显著大于正常应计盈余持续性，正常应计盈余持续性则显著大于非正常应计盈余持续性，说明盈余管理可能降低了应计盈余的持续性。A股市场高估非正常应计高的公司，但未发现高估正常应计高的公司。全样本下，基本Jones模型估计的非正常应计策略套利平均超额回报率为8.1%，修正Jones模型估计的非正常应计策略套利平均超额回报率为8.9%。盈利样本下，修正Jones模型估计的非正常应计策略套利平均超额回报率为10.2%。这说明我国总应计错误定价主要来自非正常应计的错误定价，极可能是盈余管理导致的。

（3）研究样本期间，我国A股市场非金融企业数据，在控制本期盈利能力的情况下，本期营运资本应计对下期盈利能力有负向贡献。Mishkin检验发现市场错误估计了贡献方向，高估了营运资本应计高的公司。采用营运资本应计套利策略，可获得7.7%的超额回报，盈利样本下，可获得10.2%的超额回报。A股市场的纺织、服装、皮毛业，金属、非金属业，机械、设备、仪表业，电力、煤气及水的生产和供应业四类行业样本，可由边际报酬递减规律解释。在控制本期盈利能力情况下，长、短期经营性应计分别对下期盈利能力有负的增量效应。其中，机械、设备、仪表业的长、短期经营性应计对下期盈利能力的负的效应并不等价，与美国的结果不同。“四行业”的长、短期经营性应计套利策略合计的平均水平为12.6%。运用带有交互项的混合样本横截面模型对持续观和投资增长观是否共同作用于经营性应计错误定价进行检验，结果发现“四行业”中，长期、短期增长因素和盈余管理都显著作用于超额回报，在控制本期盈利能力和长期增长因素后，盈余管理因素作用大于短期增长因素。在除“四行业”的其他行业样本中，长期增长因素未能解释下期超额回报，在控制本期盈利能力后，仍然有盈余管理因素作用显著大于短期增长因素。

（4）本书使用Roll（1998）提出的有关个股公司层面的信息与市场层面信息关系的经典模型（7.1），将个股中有关市场层面的信息加以分离，消除其股价波动同步性。结果发现，研究样本期间我国的股价同步性仍处于较高的水平。剔除了股价同步性的影响以后，可以获得比较稳定的套利结果（包括全样本和盈利样本），并且2005年的套利结果并不明显高于其他年份，说明消除股价同步性的影响以后，套利策略更加稳健，各年超额回报相对比较均匀，符合稳健投资的策略原则。剔除股价同步性后，2005年套利结果（13.7%）与现实数据估计的结果较近，说明2005年套利结果的可靠性。此外，剔除股价同步性后，其他年份的应计套利结果明显升高，说明股价同步性的经济效果显著，一定程度上说明我国投资者采取不成熟表现的跟随投资策略。

（5）对新准则对比研究样本2007—2019年A股市场非金融企业公司年数据进行再检验，应计策略套利超额收益率下降。出现这一现象，可能有如下三方面的原因：一是投资者开始有意识地运用应计策略进行套利，使得应计错误定价的现象逐渐减弱；二是新准则样本期间，我国经济的快速发展使得宏观经济环境与公司治理环境都发生了变化；三是2007年与国际财务报告准则趋同的新准则引入了公允价值计量模式，对应计项目的计量产生了影响。

8.2 几点建议

基于前文研究发现，笔者对我国资本市场会计研究、准则制定和几个实际问题提出几点建议：

（1）基于我国新兴资本市场的国情，我国资本市场会计领域研究应充分考虑股价波动同步性因素的影响。以本书第4章应计错误定价存在性检验为例，与国际上惯例相同，未考虑股价波动同步性的影响，对我国A股市场的检验结果相对不太稳定，根据2005年应计数制定套利策略，以2006年5月第一个交易日至2007年4月最后一个交易日一年时间为限，可以获得高达45.9%的超额收益，这与其他已发现应计错误定价的发达资本市场的经验结果十分不同。在本书第6章，剔除股价波动同步性因素后，对应计错误定价的套利策略再次检验，结果2005年的套利超额回报率为13.7%，趋于平均水平。这说明我国市场的股价同步性对涉及股价问题的研究影响较大，建议在今后相关研究中应予以关注。

（2）基于应计持续性的信息含量，建议我国财务报告对盈余的应计组成部分在报表中予以专门列示，对等同于净经营资产增长的应计项目计算，在报表附注中予以披露。会计应计的灵活、易操纵性决定了应计盈余持续性低于现金流量盈余持续性，较低的持续性表明了应计盈余的不稳定性，进而反映了会计盈余的不连贯性，即公司业绩难以稳定保持，传达了公司运营可能存在问题的信号。因此，在财务报表中，对应计的相关信息予以报告和披露，可以更好地为监管者、所有者、债权人、投资者等契约其他方的决策提供帮助。

（3）加强行业监管力度。文中检验出的“四行业”样本的应计错误定价，尽管能为边际报酬递减规律所解释，但在进行交互检验时，仍然发现盈余管理在应计错误定价上起了很大的作用。对于处于收缩期或成熟期的行业，边际报酬显现了递减的趋势，行业发展亟需新的推动力量，这时行业内的盈余管理大量存在，无异于雪上加霜。当然，对于报酬递增的行业，盈余管理的存在也会有所危害，并且数据已显示样本期间存在较多的盈余管理行为。同时，前文已分析，盈余管理呈现行业特点，因此，对于盈余管理行为的监管，应区别行业有重点地监察。

（4）改善公司连续亏损即退市的硬指标。本书第4章、第5章和第6章分别发现，剔除亏损样本后，我国的总应计、非正常应计、短期经营性应计项目的错误定价程度较之前高，且趋势较稳定，这是我国应计错误定价所特有的表征。究其原因，我国市场未对亏损公司低估，我国特有的退市制度，致使许多经营业绩不好的企业面临较大压力，当业绩一直低迷时，企业往往集中进行“洗大澡”以为下期转亏为盈储备资金。因此，细化退市条件，多方面多层次考察企业经营状况，是完善退市制度的未来方向。

（5）提高我国投资者投资素质。第7章剔除股价同步性的应计错误定价检验，传递了这样的信息，即在股市低落时，人们普遍失去了信心，致使股价跌落得更低；而在牛市时，人们争相购买股票，热情高涨，使得股价不正常地高涨。然而在市场调节之后，股价势必按其规律或涨或跌，总会有人为不理智的投资买单。此外，股价同步性也不利于资本市场中的经验研究，如应计错误定价的结果受其影响较大，从而为真正探寻我国会计应计的资本市场性质又设置了障碍。因此，提高投资者素质有力于我国股市的健康发展。同时，应提高“第三方”（如财务分析师、审计师等）的职业素养，以带动大众投资者的投资水平。

8.3 研究不足与展望

资本市场会计研究对于传统会计研究来说是一个新的领域，此类研究以计量经济学为桥梁，将会计学理论与金融学、经济学等其他社会学科联系起来，既具备了自然科学的理性特点，又与社会具体情况相结合，契合当今会计的发展需求。基于已有的研究，本书认为，我国资本市场会计研究可在以下几方面有所发展：

（1）本书仅从整体上对“会计应计”与股价间关系进行研究，未能对应计的各具体项目与股价之间的关系进一步研究。今后，可以将会计应计与具体应计项目联系起来，进行分行业研究，进一步将会计应计、具体应计项目与盈余管理在某一行业的背景下进行研究，探寻其中关系，解释会计信息间的相互作用。如Thomas和Zhang（2002）发现应计项目中的存货项目部分导致了应计错误定价的产生，说明具体应计项目对应计错误定价的影响，进一步揭示了应计具体项目与股价的关系。

（2）本书着重对应计错误定价存在性及其理论解释的理论研究，而未对会计应计的实务方面问题进行过多探讨。今后的研究，可以在本研究的基础上，进一步挖掘由会计应计实务操作引起的资本市场问题。

参考文献

[1] 陈国辉. 会计理论研究 [M]. 大连：东北财经大学出版社，2007.

[2] 陈国辉，赵宇凌. 资本市场会计之“应计异象”的国内外研究评论 [J]. 财会学习，2010，51 (3)：17-20.

[3] 陈汉文，郑鑫成. 可操纵应计的市场反应——来自中国证券市场的实证证据 [J]. 财会通讯，2004 (2)：3-8.

[4] 陈林，朱卫平. 边际报酬递减规律是客观存在的吗——来自上市公司面板数据的实证检验 [J]. 中国工业经济，2009，255 (6)：46-56.

[5] 杜阁. 关于财富的形成和分配的考察 [M]. 南开大学经济系经济学说史教研组，译.北京：商务印书馆，1961.

[6] 樊行健，刘浩，郭文博. 中国资本市场应计异象存在性研究——基于沪深上市公司的经验证据 [J]. 会计之友 (中旬刊)，2009 (6)：7-9.

[7] 蒋义宏，魏刚. 净资产收益率与配股条件 [M]. 上海：上海财经大学出版社，1998.

[8] 金浩，李延军，高素英. 关于经济波动周期性及成因的实证研究 [J]. 数理统计与管理，2005，24 (1)：52-57.

[9] 李嘉图. 李嘉图著作和通信集 (第八卷) [M]. 寿进文，译.北京：商务印书馆，1987.

[10] 李远鹏，牛建军. 退市监管与应计异象 [J]. 管理世界，2007 (5)：125-132.

[11] 李志文，宋云玲. 中国上市公司盈余和盈余构成的错误定价——来自A股

市场的经验证据［J］. 中国会计评论，2009，7（1）：53-66.
［12］ 林翔，陈汉文. 增长、盈余管理和应计持续性［J］. 中国会计评论，2005，3（1）：117-142.
［13］ 刘云中. 中国股票市场对会计盈余和会计应计量信息的反映［J］. 中国软科学，2003（11）：40-45.
［14］ 陆建桥. 中国亏损上市公司盈余管理实证研究［J］. 会计研究，1999（9）：25-35.
［15］ 陆静，孟卫东，廖刚. 上市公司会计盈利、现金流量与股票价格的实证研究［J］. 经济科学，2002（5）：34-42.
［16］ 马歇尔. 经济学原理［M］. 廉运杰，等译. 北京：商务印书馆，2005.
［17］ 彭方平，连玉君. 我国行业周期非同步效应——基于微观视角［J］. 经济学（季刊），2010，9（3）：1071—1082.
［18］ 萨缪尔森，诺德豪斯. 经济学［M］. 高鸿业，等译. 12版. 北京：中国发展出版社，1992.
［19］ 斯科特. 财务会计理论［M］. 陈汉文，夏文贤，陈靖，等译. 北京：机械工业出版社，2006.
［20］ 孙广生. 经济波动与产业波动（1986—2003）——相关性、特征及推动因素的初步研究［J］. 中国社会科学，2006（3）：62-73.
［21］ 瓦茨，齐默尔曼. 实证会计理论［M］. 陈少华，黄世忠，陈光，等译. 4版. 大连：东北财经大学出版社，2015.
［22］ 王庆文. 会计盈余质量对未来会计盈余及股票收益的影响——基于中国股票市场的实证研究［J］. 金融研究，2005（10）：141-152.
［23］ 吴东辉. 中国上市公司应计项目选择的实证研究［J］. 中国会计与财务研究，2001（3）：48-81.
［24］ 吴联生，薄仙慧，王亚平. 现金流量在多大程度上被管理了呢？——来自我国上市公司的证据［J］. 金融研究，2007（3）.
［25］ 西尼尔. 政治经济学大纲［M］. 蔡受百，译. 北京：商务印书馆，1977.
［26］ 夏立军. 盈余管理计量模型在中国股票市场的应用研究［J］. 中国会计与财务研究，2003，5（2）：94-122.
［27］ 熊彼特. 经济分析史［M］. 杨敬年，译. 北京：商务印书馆，2001.
［28］ 游家兴. R^2的复活——股价同步性研究评述与展望［J］. 管理科学学报，2017，20（3）：63-79.
［29］ 克里斯滕森，德姆斯基. 会计理论［M］. 程小可，辛清泉，毛丽娟，译. 北京：中国人民大学出版社，2006.
［30］ 佩顿，利特尔顿. 公司会计准则导论［M］. 厦门大学会计系翻译组，译.

北京：中国财政经济出版社，2004.
[31] 赵宇龙，王志台. 我国证券市场"功能锁定"现象的实证研究 [J]. 经济研究，1999 (9)：56-63.
[32] AHARONY J，LEE C W J，WONG T J.Financial packaging of IPO firms in China [J]. Journal of Accounting Research，2000，38 (Spring)：102-126.
[34] AHMED A S，NAI S M K，ZHOU J.Do analysts′ earnings forecasts fully reflect the information in accruals? [J]. Canadian Journal of Administrative Sciences，2005，22 (4)：329-342.
[35] ANDERSON C W，GARCIA-FEIJOO L. Empirical evidence on capital investment，growth options，and security returns [J]. Journal of Finance，2006，61 (1)：171-194.
[36] BALL R，SHIVAKUMAR L.The role of accruals in asymmetrically timely gain and loss recognition [J]. Journal of Accounting Research，2006，44 (2)：207-242.
[37] BALL R，BROWN P. An empirical evaluation of accounting income numbers [J]. Journal of Accounting Research，1968 (6)：159-178.
[38] BARBER B M，LYON J D. Detecting long-run abnormal stock return：the empirical power and specification of test statistics [J]. Journal of Financial Economics，1997 (43)：341-372.
[39] BARTH M，HUTTON A. Analyst earnings forecast revisions and the pricing of accruals [J]. Review of Accounting Studies，2004，9 (1)：59-96.
[40] BARTOV E，GUL F A，TSUI J S L. Discretionary-accruals models and audit qualifications [J]. Journal of Accounting and Economics，2000，30 (3)：421-452.
[41] BASU S. Investment performance of common stocks in relation to their price earnings ratios：a test of the efficient market hypothesis [J]. Journal of Finance，1977 (32)：663-682.
[42] BEAVER W H. Perspectives on recent capital market research [J]. The Accounting Review，2002，77 (2)：453-474.
[43] BENEISH M，VARGUS M. Insider trading，earnings quality，and accruals mispricing [J]. The Accounting Review，2002 (77)：755-791.
[44] BERK J B，GREEN R C，NAIK V. Optimal investment，growth options

and security returns [J]. Journal of Finance, 1999 (54): 1153–1607.

[45] BRADSHAW M T, RICHARDSON S A, SLOAN R G. The Relation between corporate financing activities, analysts forecasts and stock [J]. Journal of Accounting and Economics, 2006 (42): 53–85.

[47] BRADSHAW M T, RICHARDSON S A, SLOAN R G. Do analysts and auditors use information in accruals? [J]. Journal of Accounting Research, 2001 (39): 45–74.

[48] BUTLER M, LEONE A J, WILLENBORG M. An empirical analysis of auditor reporting and its association with abnormal accruals [J]. Journal of Accounting and Economics, 2004 (37): 139–165.

[49] CAPAUL C, ROWLEY I, SHARPE W F. International value and growth stock returns [J]. Financial Analysts Journal, 1993, 49 (1): 27–36.

[50] CARLSON M, FISHER A, GIAMMARINO R. Corporate investment and asset price dynamics: implications for the cross-section of returns [J]. Journal of Finance, 2004, 59 (6): 2577–2603.

[51] CHAN K, CHAN L K C, JEGADEESH N, et al. Earnings quality and stock returns [J]. Journal of Business, 2006, 79 (3): 1041–1082.

[53] CHAN L K C, HAMAO Y, LAKONISHOK J. Fundamentals and stock returns in Japan [J]. Journal of Finance, 1991, 46 (5): 1739–1764.

[54] CHEN K C W, YUAN H. Earnings management and capital resource allocaion: evidence from China's accounting-based regulation of rights issues [J]. The Accounting Review, 2004, 79 (3): 645–665.

[55] COHEN D A, LYS T Z. Weighing the evidence on the relation between external corporate nancing activities, accruals and stock returns [J]. Journal of Accounting and Economics, 2006 (42): 87–105.

[56] COLLINS D W, HRIBAR P. Earnings-based and accrual-based market anomalies: one effect or two? [J]. Journal of Accounting and Economics, 2000 (29): 101–123.

[57] COOPER M J, GULEN H, SCHILL M J. Asset growth and the cross-section of stock returns [J]. Journal of Finance, 2008, 63 (4): 1609–1651.

[58] CORE J E, GUAY W R, RICHARDSON S A, et al. Stock market anomalies what can we learn from repurchases and insider trading [J]. Review of Accounting Studies, 2006 (11): 49–70.

[59] DANIEL K, TITMAN S. Evidence on the characteristics of cross sectional

variation in common stock returns [J]. Journal of Finance, 1997, 52 (1): 1-33.

[60] DAVIS J L. The cross - section of realized stock returns: the pre - compustat evidence [J]. Journal of Finance, 1994 (50): 1579-1593.

[61] DE BONDT W, THALER R. Does the stock market overreact? [J]. Journal of Finance, 1985 (40): 793-805.

[62] DEANGELO L E. Accounting numbers as market valuation substitute: a study of management buyouts of public stockholders [J]. The Accounting Review, 1986 (61): 77-95.

[63] DECHOW P M. Accounting earnings and cash flows as measures of firm performance: the role of accounting accruals [J]. Journal of Accounting and Economics, 1994, 19 (7): 3-42.

[64] DECHOW P M, DICHEV I D. The quality of accruals and earnings: the role of accrual estimation errors [J]. The Accounting Review, 2002 (77): 35-59.

[65] DECHOW P M, GE W. The persistence of earnings and cash flows and the role of special items implications for the accrual anomaly [J]. Review of Accounting Studies, 2006 (11): 253 - 296.

[66] DECHOW P M, RICHARDSON S A, SLOAN R G. The persistence and pricing of the cash component of earnings [J]. Journal of Accounting Research, 2008, 46 (3): 537-565.

[67] DESAI H, RAJGOPAL S, VENKATACHALAM M. Value - glamour and accruals mispricing one anomaly or two? [J]. The Accounting Review, 2004, 19 (2): 355-385.

[68] DICHEV I D, TANG V W. Matching and the changing properties of accounting earnings over the last 40 years [J]. The Accounting Review, 2008, 83 (6): 1425-1460.

[69] DURNEV A, MORCK R, YEUNG B, et al. Does greater firm - specific return variation mean more or less informed stock pricing? [J]. Journal of Accounting Research, 2003, 41 (5): 797-836.

[70] DURNEV A, MORCK R, YEUNG B. Value-enhancing capital budgeting and firm-specific stock return variation [J]. Journal of Finance, 2004, 59 (1): 65-105.

[71] ELGERS P, LO M, PFEIFFER R. Analysts′ versus investors′ weightings of accruals in forecasting annual earnings [J]. Journal of Accounting

and Public Policy, 2003, 23 (3): 255-280.

[72] FAIRFIELD P, WHISENANT S, YOHN T.Accrued earnings and growth: implications for future profitability and market mispricing [J]. The Accounting Review, 2003a, 78 (1): 353-371.

[73] FAIRFIELD P, WHISENANT S, YOHN T.The differential persistence of accruals and cash flows for future operating income vs.future profitability [J]. Review of Accounting Studies, 2003b (8): 221-243.

[74] FAMA E F.Efficient capital markets: II [J]. Journal of Finance, 1991, 46 (5): 1575-1617.

[75] FAMA E F, FRENCH K R.The cross-section of expected stock returns [J]. Journal of Finance, 1992, 47 (2): 427-465.

[76] FAMA E F, FRENCH K R.Common risk factors in the returns on stocks and bonds [J]. Journal of Financial Economics, 1993 (33): 3-56.

[77] FAMA E F, FRENCH K R. Dissecting Anomalies [J]. Jounrnal of Finance, 2008, 63 (4): 1653-1678.

[78] FAMA E F, FRENCH K R. Permanent and temporary components of stock prices [J]. Journal of Political Economy, 1988 (96): 246-273.

[79] FELTHAM G A, OHLSON J A.Valuation and clean surplus accounting for operating and financial activities [J]. Contemporary Accounting Research, 1995, 11 (2): 689-731.

[80] FREEMAN R, OHLSON J, PENMAN S. Book rate - of - return and prediction of earnings charges: an empirical investigation [J]. Journal of Accounting Research, 1982, 20 (Autumn): 3-42.

[82] GIBBINS M, WILLETT R. New light on accrual, aggregation, and allocation, using axiomatic analysis of accounting numbers′ fundamental and statistical character [J]. Abacus, 1997, 33 (2): 137-167.

[84] GRAHAM B, DODD D L.Security analysis: principles and techniques [M]. New York: McGraw-Hill, 1934.

[85] HAW I, QI D, WU W.The nature of information in accruals and cash flows in an emerging capital market: the case of China [J]. The International Journal of Accounting, 2001 (36): 391-406.

[87] HEALY P.The effect of bonus schemes on accounting decisions [J]. Journal of Accounting and Economics, 1985 (7): 85-107.

[88] HIRSHLEIFER D, HOU K, TEOH S H, et al. Do investors overvalue firms with bloated balance sheets? [J]. Journal of Accounting and

Economics, 2004 (38): 297-331.

[89] HODGSON A, VAN PRAAG B.Information trading by corporate insiders based on accounting accruals forecasting economic performance [J]. Accounting and Finance, 2006 (46): 819 - 842.

[91] HRIBAR P, COLLINS D W.Errors in estimating accruals: implications for empirical research [J]. Journal of Accounting Research, 2002, 40 (1): 105-134.

[92] JENSEN M C. Agency costs of overvalued equity [J]. Financial Management, 2005, 34 (1): 5-19.

[93] JONES J.Earnings management during import relief investigations [J]. Journal of Accounting Research, 1991, 29 (2): 193-228.

[94] KANG T, YOO Y K.A comparison of analysts' and investors' biases in interpreting accruals a valuation approach [J]. Journal of Accounting, Auditing & Finance, 2007, 22 (3): 383-422.

[95] KAO L.Does Investors′ sophistication affect persistence and pricing of discretionary accruals? [J]. Review of Pacific Basin Financial Markets and Policies, 2007, 10 (1): 33-50.

[96] KHAN M. Are accruals really mispriced evidence from tests of an intertemporal capital asset pricing model [J]. Journal of Accounting and Economics, 2008 (45): 55-77.

[97] KHO B, KIM J.Does the accrual anomaly reflect a risk factor? the case of the Korean stock market [J]. Asia - Pacific Journal of Financial Studies, 2007, 36 (3): 425-461.

[98] KOERNIAD H, TOURANI - RAD A. Accrual or cash flow anomaly? evidence from New Zealand [J]. Accounting Research Journal, 2007, 20 (1).

[99] KORMENDI R, LIPE R.Earnings innovations, earnings persistence and stock returns [J]. Journal of Business, 1987, 60 (3): 323-345.

[100] KOTHARI S P.Capital markets research in accounting [J]. Journal of Accounting and Economics, 2001 (31): 105-231.

[101] KRAFT A, LEONE A J, WASLEY C E.Regression-based tests of the market pricing of accounting numbers: the mishkin test and ordinary least squares [J]. Journal of Accounting Research, 2007, 45 (5): 1081-1114.

[103] LAKONISHOK J, SHLEIFER A, VISHNY R W.Contrarian investment,

extrapolation, and risk [J]. Journal of Finance, 1994, 49 (5): 1541-1578.

[105] LEV B, NISSIM D. The persistence of the accruals anomaly [J]. Contemporary Accounting Research, 2006, 23 (1): 1-34.

[106] LIPE R. The relation between stock returns and accounting earnings given alternative information [J]. The Accounting Review, 1990, 65 (1): 49-71.

[108] LYON J D, BARBER B M, TSAI C. Improved methods for tests of long-run abnormal stock returns [J]. Journal of Finance, 1999, 54 (1): 165-201.

[109] MASHRUWALA C, RAJGOPAL S, SHEVLIN T. Why is the accrual anomaly not arbitraged away: the role of idiosyncratic risk and transaction costs [J]. Journal of Accounting and Economics, 2006 (42): 3-33.

[112] MISHKIN F. A rational expectations approach to macroeconometrics: testing policy effectiveness and efficient markets models [M]. Chicago: University of Chicago Press for the National Bureau of Economic Research, 1983.

[113] MORCK R, YEUNG B, YU W. The information content of stock markets: why do emerging markets have synchronous stock price movements? [J]. Journal of Financial Economics, 2000 (58): 215-260.

[114] PENMAN S H, ZHANG X. Accounting conservatism, the quality of earnings, and stock returns [J]. The Accounting Review, 2002, 77 (2): 237-264.

[118] PINCUS M, RAJGOPAL S, VENKATACHALAM M. The accrual anomaly: international evidence [J]. The Accounting Review, 2007, 82 (1): 169-203.

[119] RICHARDSON S A, SLOAN R G, SOLIMAN M T, et al. Accrual reliability, earnings persistence and stock prices [J]. Journal of Accounting and Economics, 2005 (39): 437-485.

[120] RITTER J R. The long-run performance of initial public offerings [J]. Journal of Finance, 1991 (46): 3-27.

[122] SLOAN R G. Do stock prices fully reflect information in accruals and cash flows about future earnings [J]. The Accounting Review, 1996, 71

(3): 289-315.

[123] SOARES N, STARK A W. The accruals anomaly - can implementable portfolios strategies be developed that are profitable in the UK? [J]. Accounting and Business Research, 2009 (39): 321-345.

[124] SONG Y, JI X. The Chinese specialties of a-share accrual anomaly [J]. Journal of Modern Accounting and Auditing, 2009, 5 (5).

[125] STIGLER G J. Capital and rates of return in manufacturing industries [M]. Princeton: Princeton University Press, 1963.

[126] SU S Y. To match or not to match [J]. The British Accounting Review, 2005, 37 (1): 1-21.

[127] SUBRAMANYAM K R. The pricing fo discretionary accruals [J]. Journal of Accounting and Economics, 1996, 22 (August-December): 249-281.

[128] THOMAS J K, ZHANG H. Inventory changes and future returns [J]. Review of Accounting Studies, 2002 (7): 163-187.

[129] Titman S, Wei K C J, Xie F. Capital investments and stock returns [J]. Journal of Financial and Quantitative Analysis, 2004, 39 (4): 677-700.

[130] TOBIN J. A general equilibrium approach to monetary theory [J]. Journal of Money, Credit, and Banking, 1969 (1): 15-29.

[131] WARFIELD T D, WILD J J, WILD K L. Managerial ownership, accounting choices, and informativeness of earnings [J]. Journal Accounting and Economics, 1995 (20): 61-91.

[132] XIE H. The mispricing of abnormal accruals [J]. The Accounting Review, 2001, 76 (3): 357-373.

[133] ZHANG X F. Accruals, investment, and the accrual anomaly [J]. The Accounting Review, 2007, 82 (5): 1333-1363.

索引